GEO~GRÁFICOS
Regina Giménez

Primera edición: marzo de 2021
Segunda edición: agosto de 2021

© 2021, de las ilustraciones: Regina Giménez
© 2021, de la edición: Zahorí Books
Sicília, 358 1-A · 08025 Barcelona
www.zahoribooks.com

Diseño: FericheBlack (fericheblack.com/estudio)
Maquetación: Feriche Black

Redacción de los textos: Marta de la Serna
Traducción: Diana Novell
Corrección: Miguel Vándor

ISBN: 978-84-17374-77-8
DL: B 19679-2020

Impreso en GPS Group, Eslovenia.

Este producto está elaborado con materiales
de bosques con certificado FSC® y bien gestionados,
y con materiales reciclados.

Todos los derechos reservados.

GEO~GRÁFICOS
Regina Giménez

Sumario

I. EL UNIVERSO 6
   El Big Bang 8
   Las galaxias 10
   Los colores de las estrellas 12
   Las órbitas de los planetas 14
   Diámetro de los planetas 16
   El Sol visto desde los planetas 18
   Los eclipses 20
   Las fases lunares 22

II. LA TIERRA 24
   Las capas atmosféricas 26
   Las capas terrestres 28
   Las placas tectónicas 30
   Medición de los terremotos 32
   Los mayores terremotos 34
   Extensión de los continentes 36
   Los continentes por población
   y superficie 38
   Las 80 islas de mayor tamaño 40

III. EL RELIEVE 42
   Los picos / Las profundidades marinas . . 44
   Los 14 «ochomiles» 46
   Los volcanes 48
   Volcanes en activo 50

IV. EL AGUA 52
   Los océanos 54
   Las fuentes de agua 56
   El caudal de los ríos 58
   La longitud de los ríos 60
   Los lagos más grandes
   del mundo 62
   Las mareas 64

V. EL CLIMA 66
   Las zonas climáticas 68
   Los biomas 70
   Los desiertos 72
   Los huracanes 74
   La lluvia 76
   El cambio climático 78
   El calentamiento global 80
   Las emisiones de gases 82

FUENTES DE DATOS 84

La artista
REGINA GIMÉNEZ 86

Introducción

El universo y nuestro planeta, la Tierra, están repletos de secretos y de curiosidades asombrosas. Aquí los descubrirás, y encontrarás la respuesta a preguntas que quizá te hayas hecho alguna vez.

¿Cómo se ve el Sol desde los distintos planetas de nuestra galaxia?, ¿por qué no vemos la luna siempre igual?, ¿cuál es el río más largo?, ¿y la montaña más alta?, ¿cómo se pueden comparar fácilmente los tamaños de los desiertos o los lagos de la Tierra?

En este libro conocerás las respuestas de una forma divertida y mágica: a través de las formas y los colores. Los planetas y las estrellas, los continentes y las islas, los ríos y los lagos, los volcanes y los huracanes..., se transforman en círculos, polígonos, líneas y espirales que nos explican cómo es el mundo que nos rodea. Este atlas tan especial y atípico es una colección de fantásticas láminas donde la ciencia y el arte se encuentran y se complementan.

NUESTRA GALAXIA

Capítulo I
EL UNIVERSO

El universo es todo lo que existe: los planetas, las estrellas, las nubes gigantes de polvo y gas... y también el enorme espacio que hay entre ellos.

> Nadie sabe cuánto mide el universo, ni siquiera si es el único que existe.

Las distancias son enormes y se utilizan unidades especiales para medirlas, como el año luz.

En un punto diminuto de este inmenso espacio vivimos nosotros. Nuestro hogar, la Tierra, es uno de los ocho planetas que giran —orbitan— alrededor del Sol y que componen el sistema solar. Como todas las estrellas, el Sol emite luz propia. En cambio, los planetas y los satélites (o lunas) no tienen luz: reflejan la de las estrellas.

Si se encuentran cerca, estos objetos del universo se atraen entre ellos por la fuerza de la gravedad. Por eso unos giran alrededor de otros, como ocurre en el sistema solar.

El BIG BANG

Hace unos 14 000 millones de años,
el universo era muy distinto de como es ahora.

Todo lo existente estaba concentrado en un único punto, muy denso y extremadamente caliente, que comenzó a expandirse: fue algo parecido a una gran explosión que se conoce como Big Bang.

Así se originó la materia. Sus partículas en expansión se fueron juntando y formaron las primeras estrellas. Con el tiempo, las estrellas se agruparon en galaxias. Al chocar unas galaxias con otras, el universo se pobló de nuevas estrellas, asteroides, cometas y planetas.

El universo todavía sigue expandiéndose, y nadie sabe si algún día dejará de hacerlo.

GALAXIA IRREGULAR

GALAXIA ESPIRAL

GALAXIA ELÍPTICA

Las GALAXIAS

En el universo hay miles de millones
de galaxias: inmensas agrupaciones
de polvo, gas y estrellas.

Cobijan sistemas planetarios enteros,
y pueden tener diferentes formas: de espiral,
de elipse o irregulares. Las galaxias suelen
agruparse entre ellas. Todas giran alrededor de
su propio centro. Se desplazan por el espacio
e incluso, a veces, ¡chocan entre ellas!

La galaxia en la que
habitamos se llama Vía Láctea.

Se le dio este nombre porque, desde la Tierra,
de noche, puede verse una franja blanca como la
leche que cruza el cielo, como si fuera un camino.
Tiene forma de espiral y cuatro «brazos». En uno
de ellos se encuentra el sistema solar.

Los COLORES de las ESTRELLAS

Cuando miramos al cielo por la noche, vemos un montón de estrellas brillando en la oscuridad. Aunque a simple vista pueden parecer iguales, si las observamos con atención o con la ayuda de un telescopio nos daremos cuenta de que tienen distintos colores: blancas, azules, amarillas, naranjas, rojas...

Las estrellas son gigantes bolas de gas que generan energía en forma de luz.

Según la cantidad de calor que desprenden, su luz es de diferente color.

Las estrellas más calientes son azules, y pueden llegar a los 50 000 grados de temperatura.

Luego vienen las blanquecinas, amarillas, anaranjadas y, por último, las rojas, que son las más frías. El color de una estrella nos da pistas sobre su temperatura y su edad, porque las estrellas también nacen y mueren. Cuando son jóvenes emiten mucha energía y están a una temperatura más alta.

A medida que se van consumiendo pierden temperatura, hasta que, al final, se apagan.

COLORES DE ALGUNAS ESTRELLAS:

1. γ DE ANDRÓMEDA
2. σ DE CASIOPEA
3. η DE PERSEO
4. δ DE SERPIENTE
5. 32 DE ERIDANO
6. α DE HÉRCULES
7. 61 DE CISNE
8. ESTRELLA DOBLE DE PUPPIS
9. γ DE LEÓN
10. χ DE PEGASO
11. η DE CASIOPEA
12. β DE CISNE

SOL

MERCURIO

VENUS

TIERRA

MARTE

JÚPITER

SATURNO

URANO

NEPTUNO

Las ÓRBITAS de los PLANETAS

El sistema solar existe desde hace unos 4500 millones de años. Tiene una estrella, el Sol, y ocho planetas que orbitan a su alrededor.

Los cuatro que giran más cerca del Sol (Mercurio, Venus, la Tierra y Marte) son rocosos, y los más alejados (Júpiter, Saturno, Urano y Neptuno) son principalmente de gas. Saturno está rodeado por un anillo y tiene más de 80 satélites (lunas) orbitando a su alrededor. La Tierra, en cambio, solo tiene una luna. En el sistema solar hay muchos otros objetos girando en torno al Sol.

Más allá de Neptuno se encuentran los planetas enanos, como Plutón, de menor tamaño que los ocho principales.

También orbitan miles de asteroides, aún más pequeños, y los cometas, que cuando pasan cerca del Sol dejan una estela luminosa.

DIÁMETRO *de los* PLANETAS

El mayor de todos los planetas del sistema
solar es, con gran diferencia, Júpiter, hasta 11 veces más
grande que la Tierra. Aun así, es muy pequeño
si lo comparamos con el Sol.

**¡Dentro del Sol cabrían más de un millón
de planetas como la Tierra!**

Aunque puede parecernos enorme comparado
con los planetas que lo rodean, el Sol es una estrella
relativamente pequeña dentro de nuestra galaxia.

**La Tierra es el quinto planeta de
mayor tamaño de todo el sistema solar.
Mide más de 12 000 kilómetros
de diámetro y es el mayor de los
cuatro planetas rocosos.**

Es 2,5 veces más grande que Mercurio,
el más pequeño, que es apenas un
poco más grande que nuestra Luna.

50 724 km — URANO

49 244 km — NEPTUNO

116 464 km — SATURNO

142 984 km — JÚPITER

SOL
1 391 016 km

6780 km — MARTE

12 742 km — TIERRA

12 7104 km — VENUS

4 879 km — MERCURIO

17

DESDE MARTE

DESDE LA TIERRA

DESDE FERONIA*

DESDE VENUS

DESDE MAXIMILIANA*

DESDE JÚPITER

DESDE MERCURIO

DESDE SATURNO

DESDE URANO

DESDE NEPTUNO

El SOL VISTO desde los PLANETAS

El Sol es una estrella similar a otras que podemos observar en el cielo cualquier noche. Pero nos parece mucho más grande porque está más cerca de nuestro planeta.

Si habitáramos en Neptuno en lugar de en la Tierra, el Sol apenas sería un puntito brillante en el espacio, ya que lo estaríamos contemplando desde el planeta del sistema solar que está más alejado de esta estrella. En cambio, desde Mercurio, el planeta más cercano al Sol, este astro se ve 3 veces más grande que desde la Tierra, y su luz es 8 veces más intensa.

* Feronia y Maximiliana son asteroides.

Los ECLIPSES

La Tierra gira alrededor del Sol y, a la vez, su satélite, la Luna, gira alrededor de la Tierra.

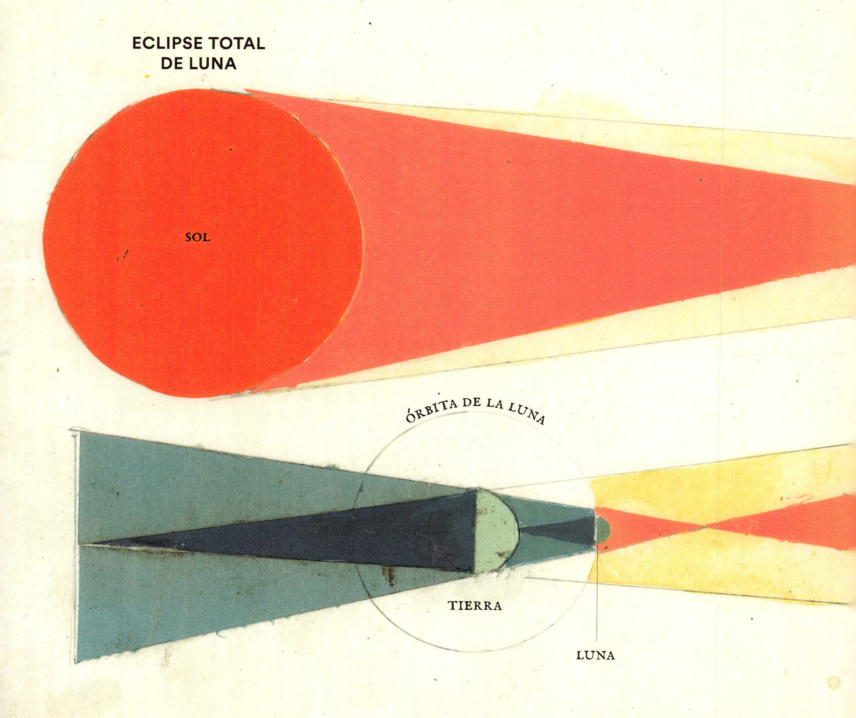

ECLIPSE TOTAL DE LUNA

SOL

ÓRBITA DE LA LUNA

TIERRA

LUNA

El eclipse lunar ocurre cuando la Tierra
se sitúa entre el Sol y la Luna.

En este caso, nuestro planeta proyecta su sombra
sobre la Luna, que, poco a poco, va quedando
tapada por la sombra de la Tierra hasta verse
completamente oscura desde nuestro planeta.

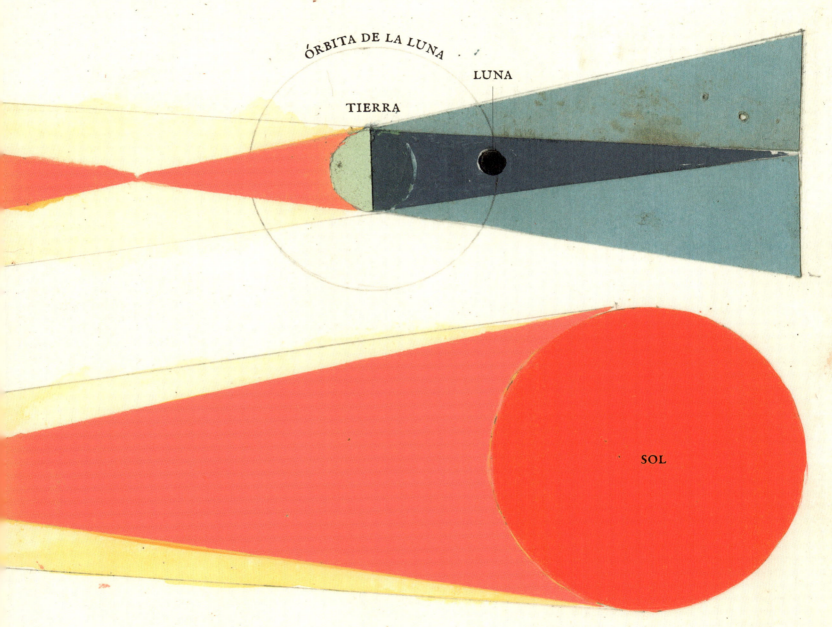

ECLIPSE SOLAR

Cuando la Luna se sitúa entre la Tierra
y el Sol, proyecta su sombra sobre nuestro
planeta y esto provoca un eclipse solar.

El efecto es espectacular: es como si el Sol desapareciera del
cielo en pleno día, si bien este eclipse
solo puede verse desde algunos puntos de la Tierra.

Las FASES LUNARES

La Luna es un satélite de la Tierra y, como los planetas, no emite luz propia. Lo que vemos al contemplarla es la luz del Sol reflejada sobre su superficie.

Al estar orbitando alrededor de la Tierra, los rayos solares no le llegan siempre de la misma manera. Por eso la vemos en el cielo con distintas formas.

Si la luz solar da de lleno en la cara de la Luna visible desde la Tierra, la vemos entera; pero a veces solo podemos observar una parte de su superficie.

Las formas que va tomando son las fases lunares: luna nueva (no podemos verla), creciente, llena (completa) y menguante.

Las distintas fases se repiten aproximadamente una vez al mes.

FASES LUNARES

LUNA LLENA

Capítulo II
LA TIERRA

Nuestro planeta es el único conocido que está habitado por seres vivos. Y esto es así porque tiene unas características muy especiales. Por ejemplo, está a una distancia perfecta del Sol: recibe su luz y su calor. Además, está rodeado por la atmósfera, una capa de gases que lo protege de los rayos solares más peligrosos y que retiene el calor y contiene el oxígeno que necesitamos para respirar.

La Tierra tiene mucha agua líquida (esencial para la vida) que cubre la mayoría de su superficie.

Solo hay una pequeña parte emergida, en forma de continentes e islas. Su superficie sólida y rocosa es la corteza terrestre. Tiene unos pocos kilómetros de profundidad y, aunque no lo notemos, se mueve constantemente. Está compuesta por varias placas que encajan como un rompecabezas y que se desplazan lentamente por encima del manto: una gran masa de roca fundida que fluye por debajo. Los terremotos son la consecuencia del movimiento de estas placas, y nos recuerdan que:

bajo nuestros pies, ¡el interior de la Tierra se mueve!

EXOSFERA:
A PARTIR DE LOS 500 KM DE
DISTANCIA DE LA TIERRA

TERMOSFERA: 85-500 km

MESOSFERA: 50-85 km

ESTRATOSFERA: 16-50 km

TROPOSFERA: 0-16 km

TIERRA

Las CAPAS ATMOSFÉRICAS

La atmósfera está compuesta por varias capas que envuelven la Tierra como un escudo protector. La más cercana a la superficie terrestre es la troposfera: por ella circulan los aviones, y allí están el aire que respiramos y las nubes.

En la troposfera se producen la lluvia, los rayos o los vientos. La siguiente capa por encima es la estratosfera, que contiene ozono, un gas que nos protege de los rayos ultravioleta, peligrosos para nuestra salud.

A continuación, la mesosfera, nos resguarda de los meteoros. Los satélites meteorológicos o la Estación Espacial Internacional, que giran alrededor de la Tierra, lo hacen en la capa más externa y lejana: la termosfera. Y, más allá, a unos 500 kilómetros de distancia, empieza la exosfera, que nos separa del espacio exterior. Es una extensa zona con mucho espacio vacío y muy frío.

Las CAPAS TERRESTRES

La Tierra está formada principalmente por rocas. En su capa superficial o litosfera (compuesta por la corteza y la zona más externa del manto terrestre), estas rocas son sólidas.

Pero, a medida que nos adentramos en el interior, la temperatura es cada vez más alta, hasta llegar a un punto en que las rocas se funden y forman una masa viscosa parecida al caramelo.

Es el manto, una capa de la Tierra con casi 3000 km de espesor. Más adentro todavía, está el núcleo, compuesto de metales como el hierro y el níquel. En su parte externa estos metales son líquidos: están fundidos por el calor.

En cambio, en el corazón del planeta, la presión es tan alta que los metales quedan totalmente concentrados: forman una esfera sólida.

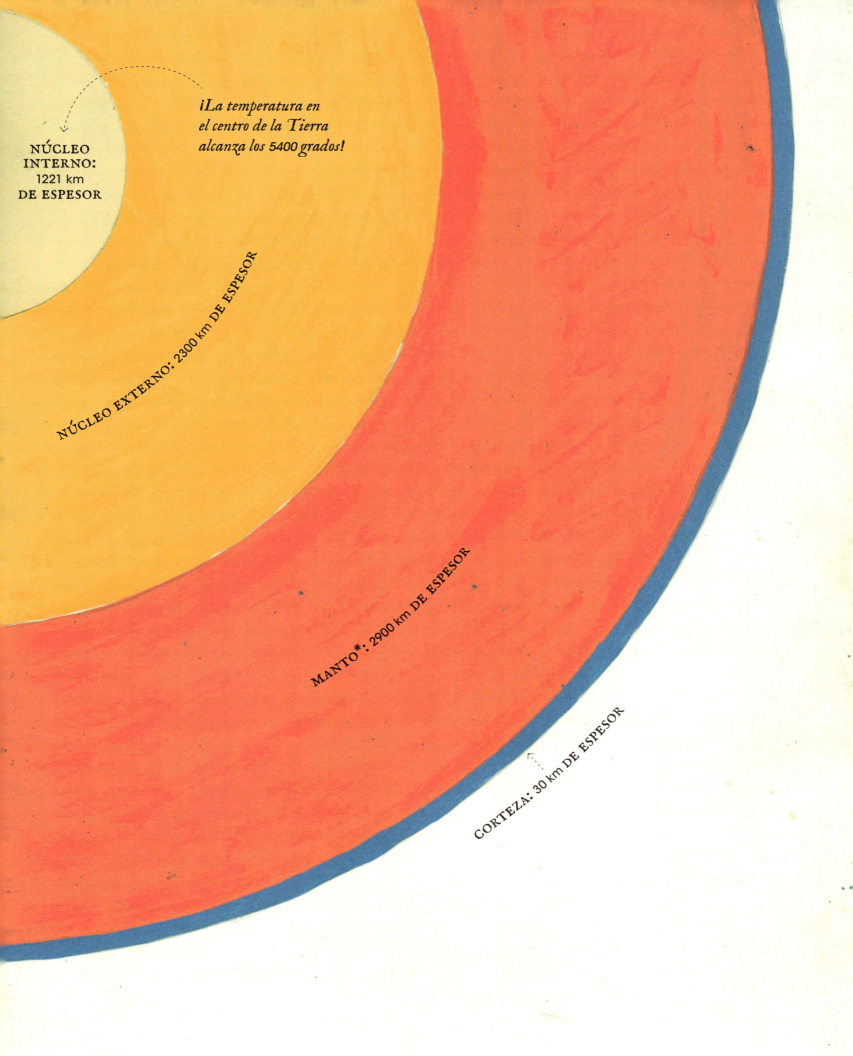

NÚCLEO INTERNO: 1221 km DE ESPESOR

¡La temperatura en el centro de la Tierra alcanza los 5400 grados!

NÚCLEO EXTERNO: 2300 km DE ESPESOR

MANTO*: 2900 km DE ESPESOR

CORTEZA: 30 km DE ESPESOR

*Manto: incluye manto inferior, zona de transición y manto superior.

PLEGAMIENTOS
La superficie de la Tierra experimenta plegamientos debido a los movimientos tectónicos. Estos pliegues normalmente no son simétricos.

FRACTURAS
A veces, la superficie terrestre en lugar de plegarse se rompe, y parte del terreno se hunde. Cada diferencia de nivel se denomina falla.

Las **PLACAS TECTÓNICAS**

A veces, al estar en movimiento,
las placas que forman la superficie
terrestre chocan entre sí y se producen
plegamientos en la corteza.

Y otras veces sucede lo contrario: se separan, y se crean
grietas por las que se escapa el magma, la roca fundida del
interior de la Tierra. Las placas también pueden deslizarse
unas por debajo de las otras y producirse una fractura entre
dos bloques, que crea lo que se conoce como una falla.

Todos estos cambios en la corteza
originan nuestras montañas, valles y fosas,
y son los que provocan movimientos
bruscos en la superficie terrestre.

En las regiones del planeta donde se encuentran
los bordes de las placas tectónicas hay muchos volcanes
y se producen la mayor parte de los terremotos.

MEDICIÓN de los TERREMOTOS

Los terremotos son temblores de tierra provocados por el movimiento de las placas terrestres.

El punto en el que se originan, en el interior de la corteza, se llama hipocentro; y el punto de la superficie situado justo encima de este foco se llama epicentro. Es allí donde el terremoto se siente con mayor intensidad.

Se libera una gran cantidad de energía, que se propaga en ondas sísmicas por la superficie de la Tierra y la hace temblar.

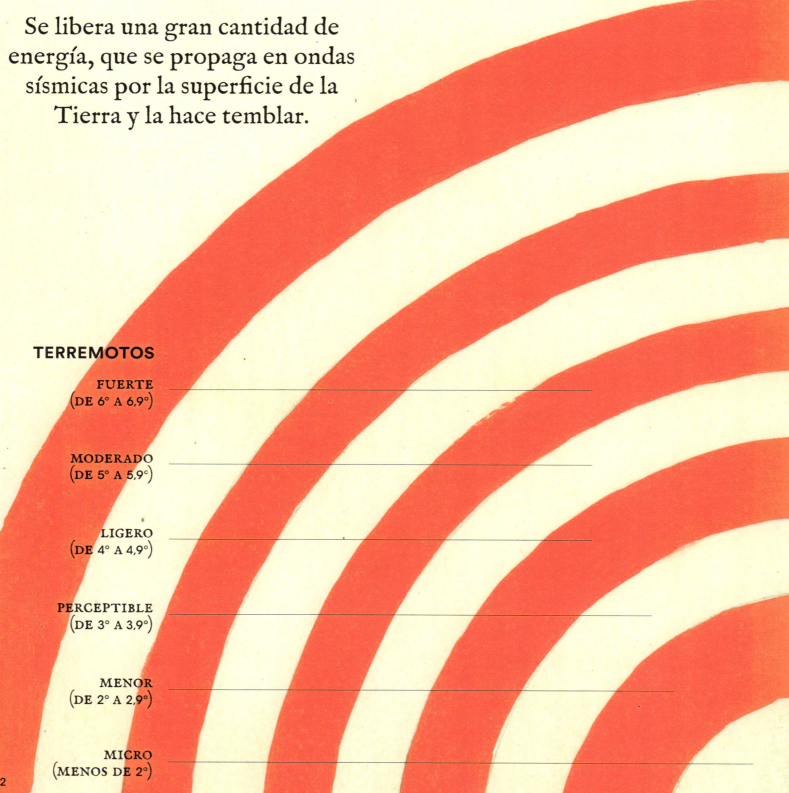

TERREMOTOS

FUERTE
(DE 6° A 6,9°)

MODERADO
(DE 5° A 5,9°)

LIGERO
(DE 4° A 4,9°)

PERCEPTIBLE
(DE 3° A 3,9°)

MENOR
(DE 2° A 2,9°)

MICRO
(MENOS DE 2°)

Para medir los terremotos se utilizan diferentes escalas que los clasifican del 0 al 10 por su magnitud (como la escala de Magnitud de Momento). Por ejemplo, un terremoto con una magnitud de entre 2 y 3 en esta escala libera una energía similar a la de un rayo.

Si se sitúa entre 6 y 7, su fuerza es parecida a la de una bomba atómica.

TERREMOTOS

ÉPICO
(10° O MÁS)

MUY GRANDE
(DE 9° A 9,9°)

GRANDE
(DE 8° A 8,9°)

MAYOR
(DE 7° A 7,9°)

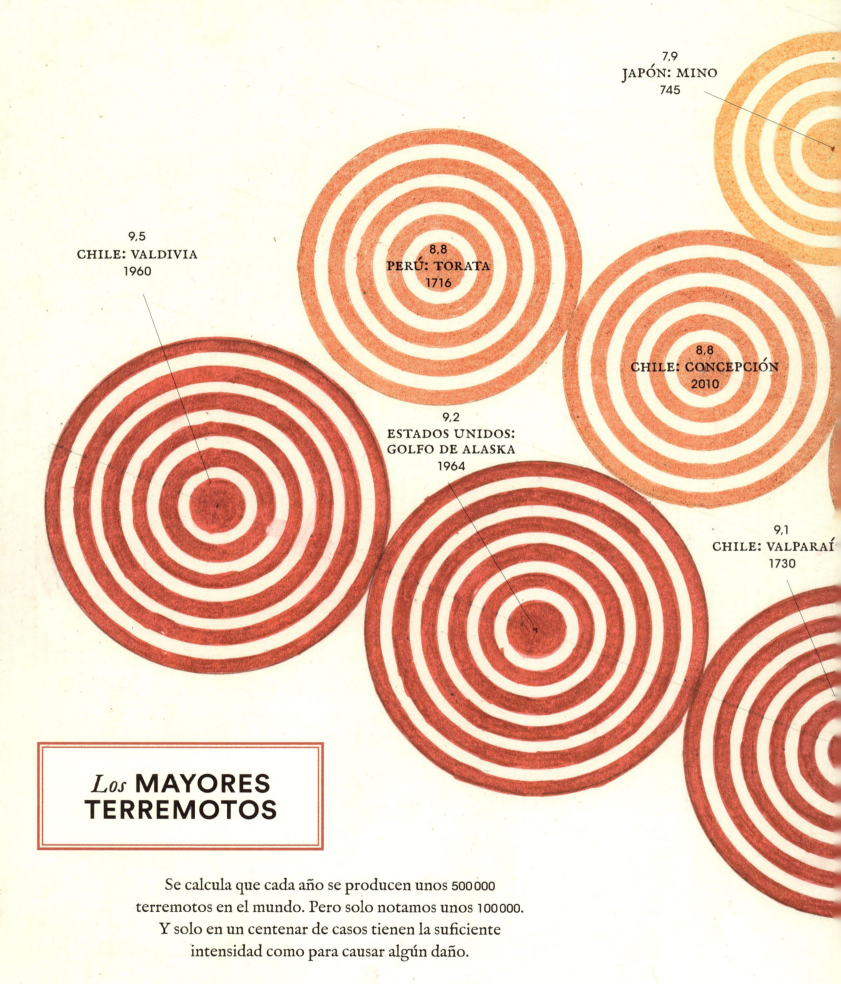

Los MAYORES TERREMOTOS

Se calcula que cada año se producen unos 500 000 terremotos en el mundo. Pero solo notamos unos 100 000. Y solo en un centenar de casos tienen la suficiente intensidad como para causar algún daño.

El mayor terremoto registrado hasta hoy es el de Valdivia (Chile) en 1960.

Tuvo una magnitud de 9,5. Pero el más mortífero ocurrió en Shaanxi (China) en 1556: con una magnitud 8, causó cerca de 830 000 muertos.

EXTENSIÓN *de los* CONTINENTES

Los continentes son grandes
masas de tierra que
sobresalen por encima del mar.

Aunque hoy en día distinguimos siete continentes,
hubo un tiempo en que todos estaban unidos en uno solo,
llamado Pangea. Hace unos 200 millones de años,
a causa de los movimientos de la corteza terrestre, este
supercontinente se partió en varias piezas, que empezaron
a alejarse hasta formar los continentes actuales.

El mayor de todos es Asia, que
representa casi un tercio de
la tierra emergida del planeta.

A su lado, Europa se ve realmente pequeña,
aunque el de menor tamaño es Oceanía.

ASIA 44 600 000 km²

ÁFRICA 30 000 000 km²

AMÉRICA DEL NORTE 24 500 000 km²

AMÉRICA DEL SUR 18 000 000 km²

ANTÁRTIDA 14 000 000 km²

EUROPA 10 000 000 km²

OCEANÍA
7 700 000 km²

Los CONTINENTES por POBLACIÓN

Nuestro planeta está habitado por casi 7800 millones de personas, y seis de cada diez viven en Asia, el continente más extenso. Allí se encuentran los países más poblados: China e India, con más de 1000 millones de habitantes cada uno.

Los territorios más grandes no siempre son los que más habitantes tienen.

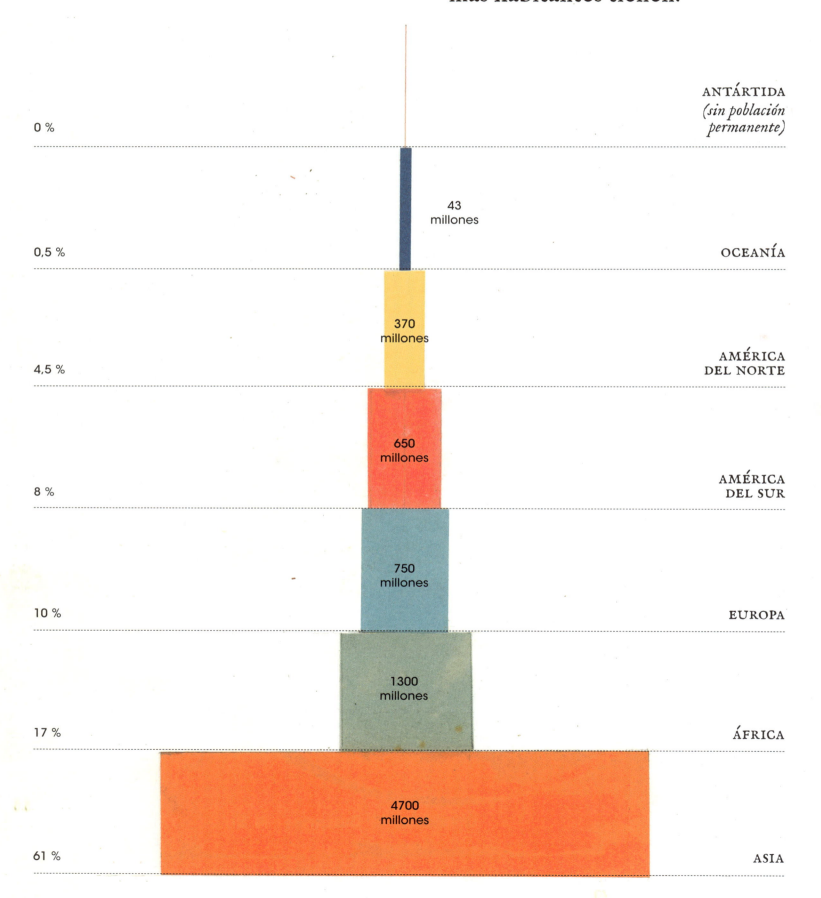

Los CONTINENTES por SUPERFICIE

En Europa vive más gente que en Norteamérica o Sudamérica, a pesar de ser un continente mucho más pequeño.

En la Antártida, mayor que Europa, solo viven entre 1000 y 4000 personas durante algunas estaciones del año.

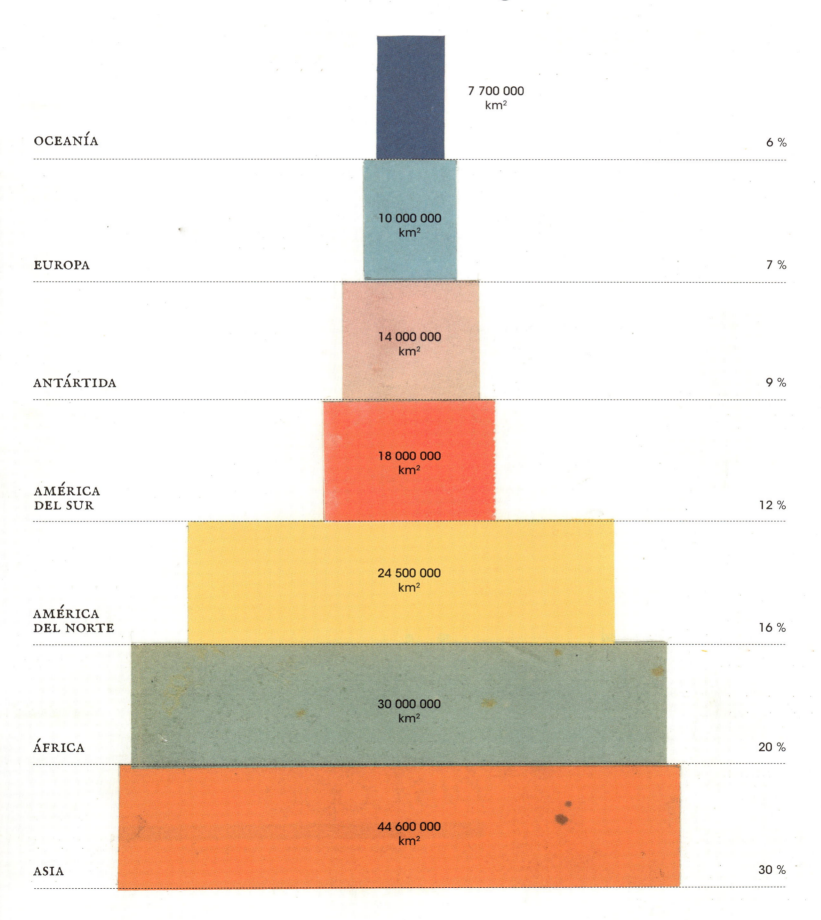

Continente	Superficie	%
OCEANÍA	7 700 000 km²	6 %
EUROPA	10 000 000 km²	7 %
ANTÁRTIDA	14 000 000 km²	9 %
AMÉRICA DEL SUR	18 000 000 km²	12 %
AMÉRICA DEL NORTE	24 500 000 km²	16 %
ÁFRICA	30 000 000 km²	20 %
ASIA	44 600 000 km²	30 %

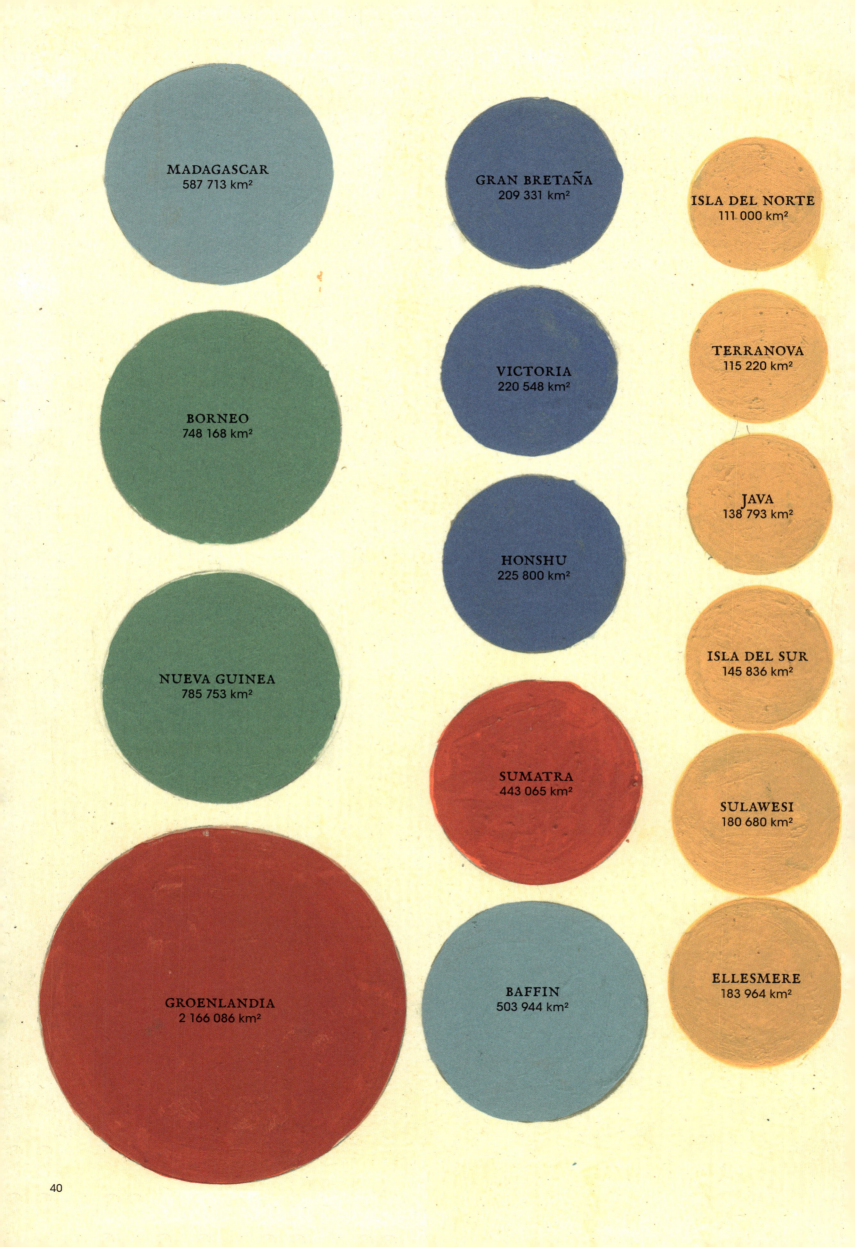

42

Capítulo III
EL RELIEVE

La superficie de nuestro planeta tiene formas y alturas diferentes tanto en tierra firme como en el fondo de los océanos. En cada continente hay llanuras, valles, colinas y, por supuesto, montes que dibujan el relieve.

Algunas de estas montañas son altísimas y pueden superar los 8000 metros de altura.

La corteza terrestre ha ido transformándose a lo largo del tiempo, y continúa cambiando. Muchas de las grandes cordilleras que conocemos, como los Alpes (en Europa), el Himalaya (en Asia) o los Andes (en América), se formaron hace millones de años por un plegamiento de la corteza.

Algunas cimas, o a veces incluso islas enteras, son el resultado de la acción de un volcán. Los volcanes se originan cuando dos bloques de terreno se fracturan y queda una grieta entre ambos, por donde emerge el magma del interior de la Tierra. Hay volcanes que parecen «dormidos», ¡pero pueden volver a escupir lava en cualquier momento!

Los PICOS

Las montañas más altas del mundo se encuentran en Asia. Allí está la cordillera del Himalaya, con más de un centenar de picos que superan los 7000 metros de altura. Los Andes, en América del Sur, es otra de las grandes cadenas montañosas, con cimas de más de 6000 metros, como el Aconcagua.

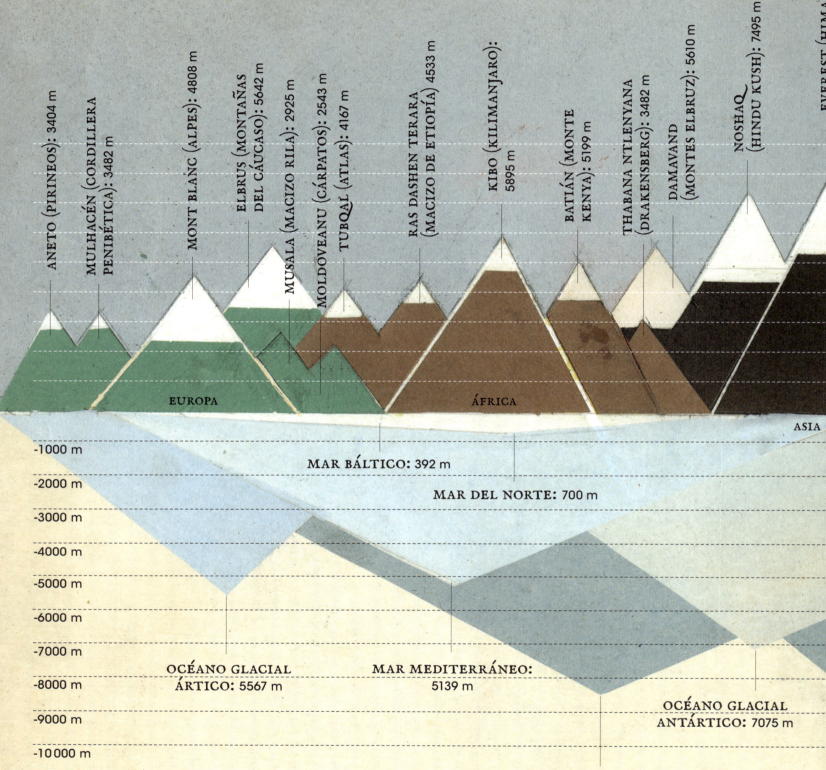

- ANETO (PIRINEOS): 3404 m
- MULHACÉN (CORDILLERA PENIBÉTICA): 3482 m
- MONT BLANC (ALPES): 4808 m
- ELBRUS (MONTAÑAS DEL CÁUCASO): 5642 m
- MUSALA (MACIZO RILA): 2925 m
- MOLDOVEANU (CÁRPATOS): 2543 m
- TUBQAL (ATLAS): 4167 m
- RAS DASHEN TERARA (MACIZO DE ETIOPÍA): 4533 m
- KIBO (KILIMANJARO): 5895 m
- BATIÁN (MONTE KENYA): 5199 m
- THABANA NTLENYANA (DRAKENSBERG): 3482 m
- DAMAVAND (MONTES ELBRUZ): 5610 m
- NOSHAQ (HINDU KUSH): 7495 m
- EVEREST (HIMALAYA):

EUROPA — ÁFRICA — ASIA

- MAR BÁLTICO: 392 m
- MAR DEL NORTE: 700 m
- OCÉANO GLACIAL ÁRTICO: 5567 m
- MAR MEDITERRÁNEO: 5139 m
- OCÉANO GLACIAL ANTÁRTICO: 7075 m
- OCÉANO ATLÁNTICO: 8486 m

Las PROFUNDIDADES MARINAS

Debajo de los mares y océanos, la corteza terrestre se encuentra a miles de metros de profundidad. Allí también hay montañas, volcanes y fosas (profundas trincheras que se hunden varios kilómetros en la corteza).

En Europa se encuentran sierras importantes como los Alpes o los Pirineos, pero solo en el Cáucaso (en el límite con Asia) se superan los 5000 metros de altura. Además de estas grandes cordilleras, hay antiguos volcanes formados hace millones de años que son altísimos, como el Kilimanjaro, en África.

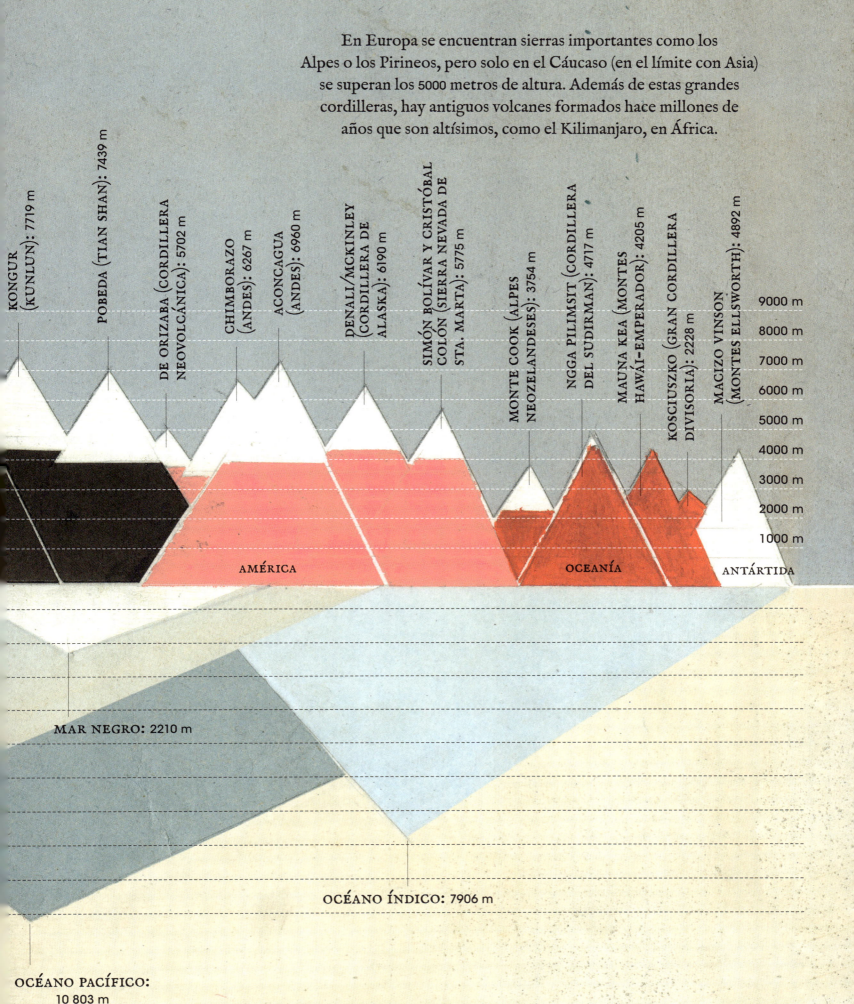

El punto más profundo se encuentra en el océano Pacífico, en la llamada fosa de las Marianas: es el abismo de Challenger, y está a unos 11 000 metros de profundidad. Es tan hondo que allí no llega la luz del Sol, y está habitado por animales extraordinarios como el pez dragón o el diablo marino.

Los 14 «OCHOMILES»

En el mundo existen solo 14 picos que superan los 8000 metros de altura.

¡Esto equivale a 25 veces la altura de la torre Eiffel de París! Son conocidos como los «ochomiles». En sus cimas, el oxígeno es tan escaso que ningún ser humano podría sobrevivir más allá de unos pocos días. Todas estas montañas están en las cordilleras del Himalaya y del Karakórum, situadas en Asia (entre China, Nepal, Bután, Pakistán y la India).

El monte Everest, con 8848 metros sobre el nivel del mar, tiene el honor de ser el punto más elevado del planeta.

Se lo conoce como el «techo del mundo». Tras muchos intentos fallidos, en 1953 se consiguió llegar por primera vez a su cumbre.

EVEREST: 8848 m

K2: 8611 m
KANCHENJUNGA: 8598 m
LHOTSE: 8516 m
MAKALU: 8463 m

CHO OYU: 8201 m
DHAULAGIRI: 8167 m
MANASLU: 8163 m
NANGA PARBAT: 8125 m

ANNAPURNA: 8091 m
GASHERBRUM I: 8080 m
BROAD PEAK: 8047 m
GASHERBRUM II: 8034 m
SHISHA PANGMA: 8027 m

Los VOLCANES

Cuando un volcán entra en
erupción, el magma del interior de
la Tierra emerge a la superficie.

Ese magma asciende por una grieta, un
conducto llamado chimenea, y sale con gran fuerza
por el cráter, la parte superior del volcán. El volcán comienza
a escupir lava —así se llama el magma una vez que ha
salido al exterior— que fluye en forma de espesos
ríos por la superficie terrestre.

Los volcanes también expulsan
gases, rocas y mucha ceniza,
que flota en el aire y es transportada
a miles de kilómetros de distancia.

PRINCIPALES TIPOS DE VOLCANES SEGÚN SU FORMA

ESTROMBOLIANOS
Son el tipo de volcán más simple, con forma cónica empinada. Su lava es poco fluida y esto hace que expulsen abundantes gases al exterior. Tienen poca altura.

ESTRATOVOLCANES
Normalmente, son muy altos y tienen forma cónica. Producen explosiones muy fuertes por la viscosidad de su magma que pueden crear fisuras a los lados de la chimenea principal.

DE ESCUDO
Tienen una característica forma achatada, con una base muy amplia y poca altura. La lava que expulsan este tipo de volcanes es muy líquida, por eso no suelen resultar peligrosos.

PELEANOS
Contienen lava muy viscosa, demasiado espesa para fluir, que se solidifica taponando el cráter e impidiendo que salgan los gases. Esto puede provocar grandes explosiones.

VOLCANES *en* ACTIVO

 ERUPCIÓN   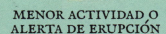 MENOR ACTIVIDAD O ALERTA DE ERUPCIÓN   DISTURBIOS VOLCÁNICOS

Se considera que un volcán está totalmente «apagado» (extinto) cuando no da muestras de actividad durante miles de años. La mayoría mantienen su capacidad para entrar en erupción en cualquier momento. Se calcula que hay unos 1500 volcanes que podrían estar en activo en el mundo.

ISLAS ALEUTIANAS, ALASKA Y AMÉRICA DEL NORTE

- SHISHALDIN
- CLEVELAND
- SEMISOPOCHNOI
- GRAN SITKIN

MÉXICO, AMÉRICA CENTRAL Y CARIBE

- POPOCATÉPETL
- SANTIAGUITO
- FUEGO
- PACAYA
- MASAYA
- COLIMA
- LA SOUFRIÈRE DE GUADALUPE
- KICK 'EM JENNY
- RINCÓN DE LA VIEJA
- POÁS
- TURRIALBA

AMÉRICA DEL SUR

- NEVADOS DE CHILLÁN
- SANGAY
- SABANCAYA
- REVENTADOR
- NEVADO DEL RUIZ
- GALERAS
- CUMBAL
- CERRO NEGRO DE MAYASQUER
- VILLARRICA
- COPAHUE
- PLANCHÓN-PETEROA
- UBINAS
- MACHÍN
- NEVADO DEL HUILA

OCÉANO PACÍFICO

- YASUR
- ULAWUN
- MANAM
- MAUNA LOA
- KADOVAR
- LOPEVI
- AMBRYM
- AOBA
- GAUA
- TINAKULA

EUROPA Y OCÉANO ATLÁNTICO

 ESTRÓMBOLI

 ETNA

 CAMPOS FLÉGREOS

ÁFRICA Y OCÉANO ÍNDICO

 ERTA ALE

 NYIRAGONGO

 NYAMURAGIRA

 PITÓN DE LA FOURNAISE

 OI DOINYO LENGAI

 ISLA MAYOTTE

La mayoría de volcanes activos forman parte del Anillo de fuego (océano Pacífico).

ANTÁRTIDA

 EREBUS

ANILLO DE FUEGO (DE LAS ISLAS KURILES A FILIPINAS)

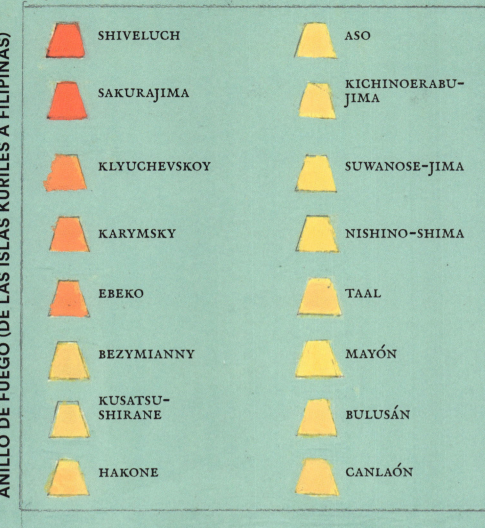

SHIVELUCH	ASO
SAKURAJIMA	KICHINOERABU-JIMA
KLYUCHEVSKOY	SUWANOSE-JIMA
KARYMSKY	NISHINO-SHIMA
EBEKO	TAAL
BEZYMIANNY	MAYÓN
KUSATSU-SHIRANE	BULUSÁN
HAKONE	CANLAÓN

INDONESIA

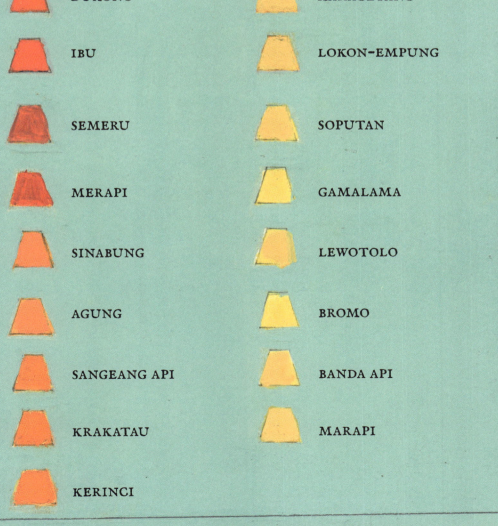

DUKONO	KARAGETANG
IBU	LOKON-EMPUNG
SEMERU	SOPUTAN
MERAPI	GAMALAMA
SINABUNG	LEWOTOLO
AGUNG	BROMO
SANGEANG API	BANDA API
KRAKATAU	MARAPI
KERINCI	

Capítulo IV
EL AGUA

A la Tierra se la conoce como el planeta azul. Desde el espacio, la vemos de este color porque los océanos ocupan mucha más superficie que los continentes. El agua es una parte fundamental de nuestro planeta, imprescindible tanto para nosotros como para las plantas y los animales.

En su mayor parte, esta agua es salada, y está en los mares y océanos. Solo una pequeña porción es dulce.

El agua dulce se encuentra en lagos, ríos y corrientes subterráneas; también en los glaciares y los polos, en forma de hielo, y en la atmósfera, como vapor.

El agua circula por todo el planeta.

Una parte del agua del mar se evapora por el calor del Sol y pasa a la atmósfera, donde se forman nubes al ascender este vapor de agua; luego, el viento transporta esas nubes y el agua cae en forma de lluvia, filtrándose en la tierra o fluyendo por los ríos, que se nutren sobre todo de la nieve derretida de las montañas. Estos ríos desembocan en lagos o, de nuevo, en el mar, y nos permiten regar los cultivos y tener agua potable para beber. Así se completa el ciclo del agua.

Los OCÉANOS

El agua cubre más del 70% de la superficie del planeta. Los continentes se encuentran rodeados por una inmensa masa de agua salada, dividida en cinco océanos.

El Pacífico es el de mayor tamaño: ocupa tanto como todos los continentes juntos, y se extiende desde las costas de América hasta Asia y Australia. El Atlántico, que separa América de Europa y de África, es el segundo océano en extensión y uno de los más transitados. Por tamaño, el siguiente es el Índico, situado al sur de Asia, entre África y Australia.

Los océanos que rodean los polos son mucho más pequeños.

En el sur, el Antártico, y en el norte, el Ártico, cuya superficie está cubierta todo el año por una capa de hielo.

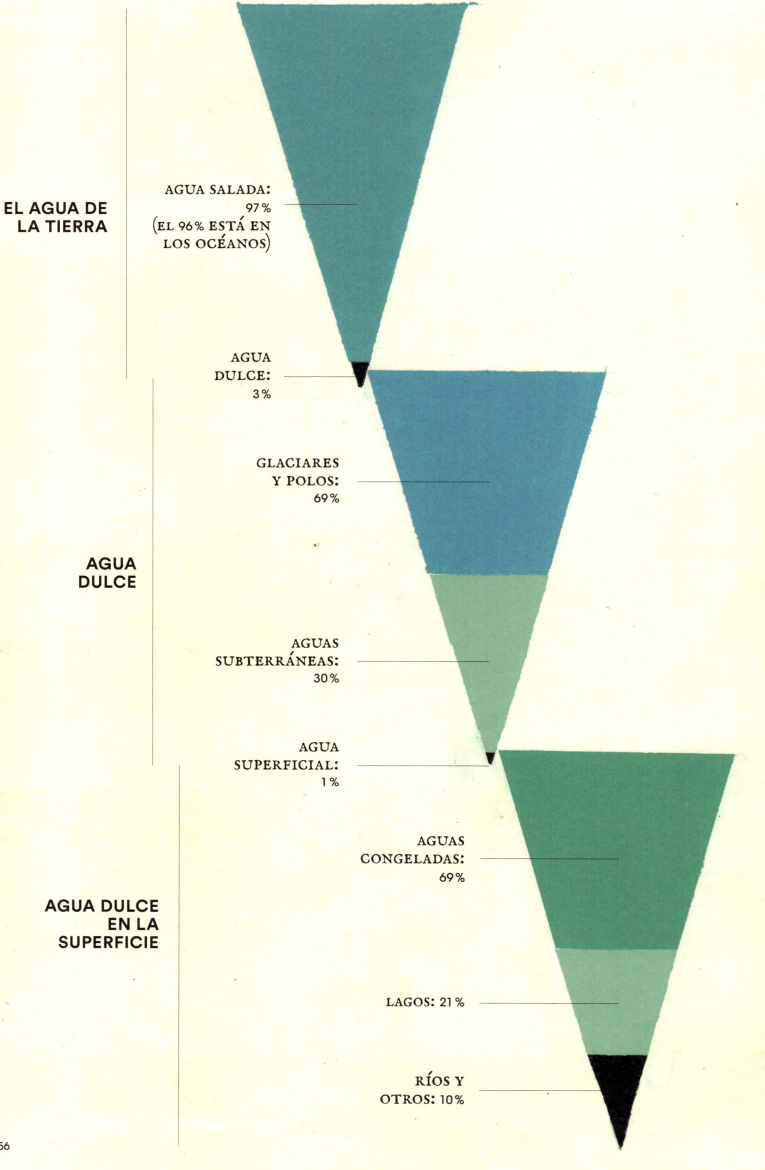

Las FUENTES de AGUA

En la Tierra hay unos
1380 millones de km³ de agua,
y esta cantidad es la misma desde
hace unos 2000 millones de años.

Apenas un 2,5 % del total es agua dulce.
La mayoría se encuentra en forma de hielo en
los polos y los glaciares, y el resto, casi toda está
almacenada en depósitos subterráneos. El agua dulce
que hay disponible en los ríos y los lagos es
solo una pequeñísima parte del total.

Los lagos contienen menos
de una centésima parte del
agua dulce total de la Tierra,
y los ríos, menos todavía.

EL AGUA POTABLE
En algunas zonas del planeta el agua es muy escasa.
Y, a veces, aunque no falte, no es potable: no sirve para
el consumo humano porque podría estar contaminada.
En el mundo, una de cada tres personas no tienen acceso
a agua potable. Esto provoca enfermedades,
hambrunas, desaparición de especies e incluso guerras.

El **CAUDAL** *de los* **RÍOS**

Los ríos son nuestra principal fuente de agua dulce.

Por eso las primeras comunidades humanas se establecieron junto a los ríos, y en torno a su agua florecieron las grandes civilizaciones del pasado. El caudal de un río es la cantidad de agua que descarga, y se mide en metros cúbicos por segundo (m^3/s).

El río Amazonas, en América del Sur, es el más caudaloso del mundo.

Tiene un caudal medio de 212 500 m^3/s. Esto quiere decir que podría llenar más de 80 piscinas olímpicas en un segundo. El caudal de un río puede variar mucho a lo largo del año, según la cantidad de lluvia de cada estación —como sucede en el Nilo (en África)— o la cantidad de nieve acumulada en las montañas.

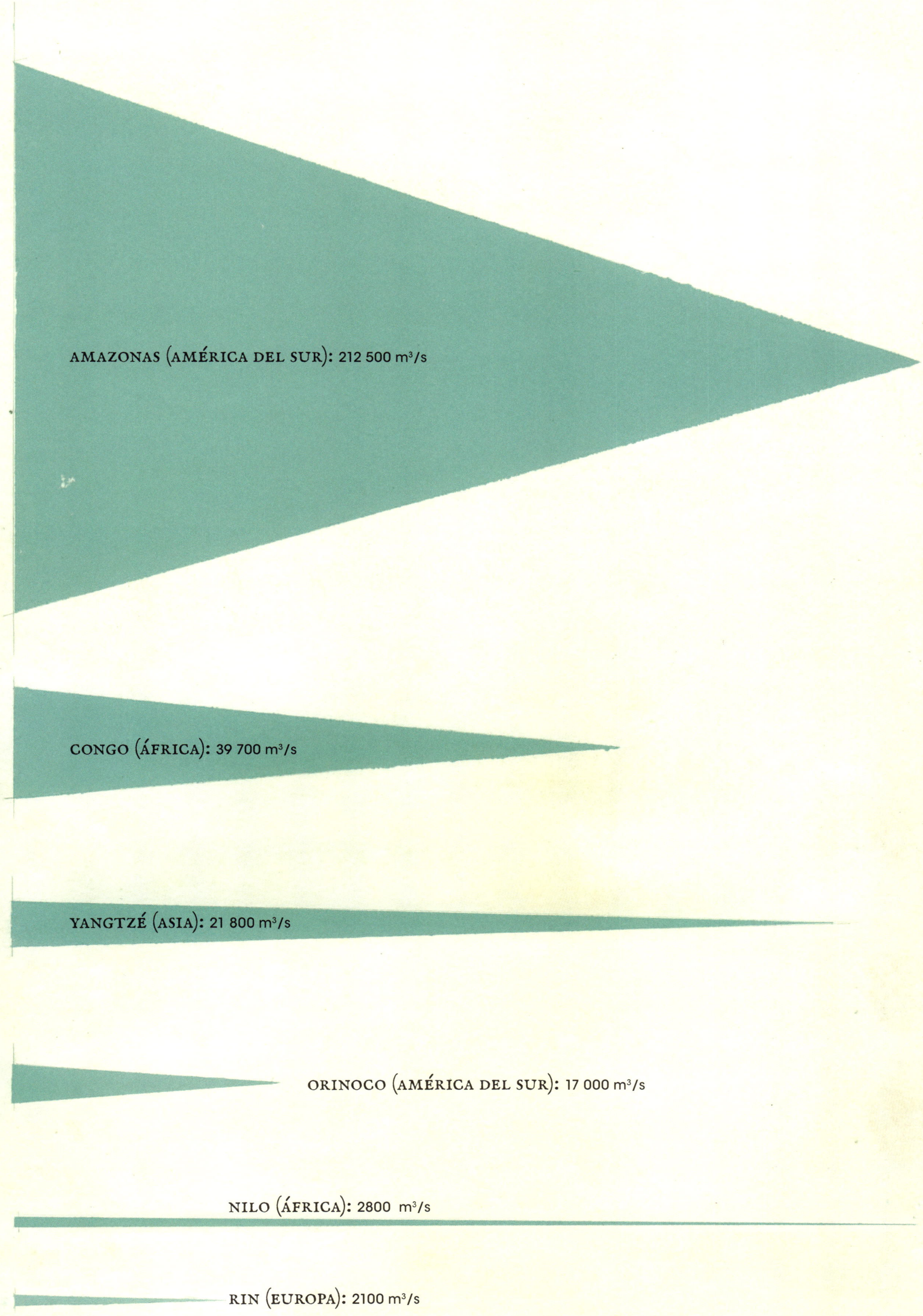

AMAZONAS (AMÉRICA DEL SUR): 212 500 m³/s

CONGO (ÁFRICA): 39 700 m³/s

YANGTZÉ (ASIA): 21 800 m³/s

ORINOCO (AMÉRICA DEL SUR): 17 000 m³/s

NILO (ÁFRICA): 2800 m³/s

RIN (EUROPA): 2100 m³/s

NILO (ÁFRICA): 6650 km

AMAZONAS (AMÉRICA DEL SUR): 6577 km

YANGTZÉ (CHINA, ASIA): 6300 km

HUANG HE O AMARILLO (CHINA, ASIA): 5464 km

PARANÁ (AMÉRICA DEL SUR): 4880 km

CONGO (ÁFRICA): 4667 km

AMUR (ASIA): 4444 km

LENA (RUSIA, ASIA): 4400 km

MEKONG (ASIA): 4345 km

MACKENZIE (CANADÁ, AMÉRICA DEL NORTE): 4241 km

NÍGER (ÁFRICA): 4184 km

YENISÉI (RUSIA, ASIA): 4092 km

MISURI (ESTADOS UNIDOS, AMÉRICA DEL NORTE): 4088 km

MISISIPI (ESTADOS UNIDOS, AMÉRICA DEL NORTE): 3766 km

OBI (RUSIA, ASIA): 3650 km

ZAMBEZE (ÁFRICA): 3540 km

VOLGA (EUROPA): 3529 km

PURÚS (BRASIL, AMÉRICA DEL SUR): 3210 km

YUKÓN (AMÉRICA DEL NORTE): 3186 km

GRANDE (AMÉRICA DEL NORTE): 3058 km

SAN LORENZO (AMÉRICA DEL NORTE): 3058 km

SAN FRANCISCO (BRASIL, A. DEL SUR): 2914 km

BRAHMAPUTRA (INDIA, ASIA): 2897 km

INDO (INDIA, ASIA): 2897 km

DANUBIO (EUROPA): 2848 km

La LONGITUD de los RÍOS

Los dos ríos más largos del mundo son el Nilo, en África, y el Amazonas, en América del Sur.

Aunque el Nilo se había considerado siempre el río de mayor longitud, con más de 6600 kilómetros de recorrido, nuevas mediciones realizadas en 2007 y 2008 dieron como resultado que el Amazonas podría superarlo. Pero no está claro.

La comunidad científica no se pone de acuerdo en cuál de los dos debe ocupar el primer puesto en la clasificación.

Y es que medir la longitud de un río no es fácil, pues no siempre está claro dónde nace. Además, los grandes ríos suelen tener afluentes (ríos más pequeños que desembocan en uno principal), con los que forman sistemas fluviales que pueden contarse como una unidad.

Los **LAGOS** *más* **GRANDES** *del* **MUNDO**

Un lago es una masa de agua, procedente de
ríos o de filtraciones subterráneas, que se acumula
en una zona situada a una altitud inferior que el
resto del terreno existente a su alrededor.

En el mundo hay miles
de lagos, de los que unos 250 tienen
más de 500 km² de superficie.

La mayoría de los lagos grandes se encuentran
en el hemisferio norte y se originaron hace miles de años,
como resultado de las glaciaciones. Otros son el resultado del
movimiento de las placas tectónicas o de la acción de un volcán.
Casi todos son de agua dulce, pero también hay algunos
de agua salada, como el mar Caspio (pese a su nombre,
es un lago), el más extenso del mundo.

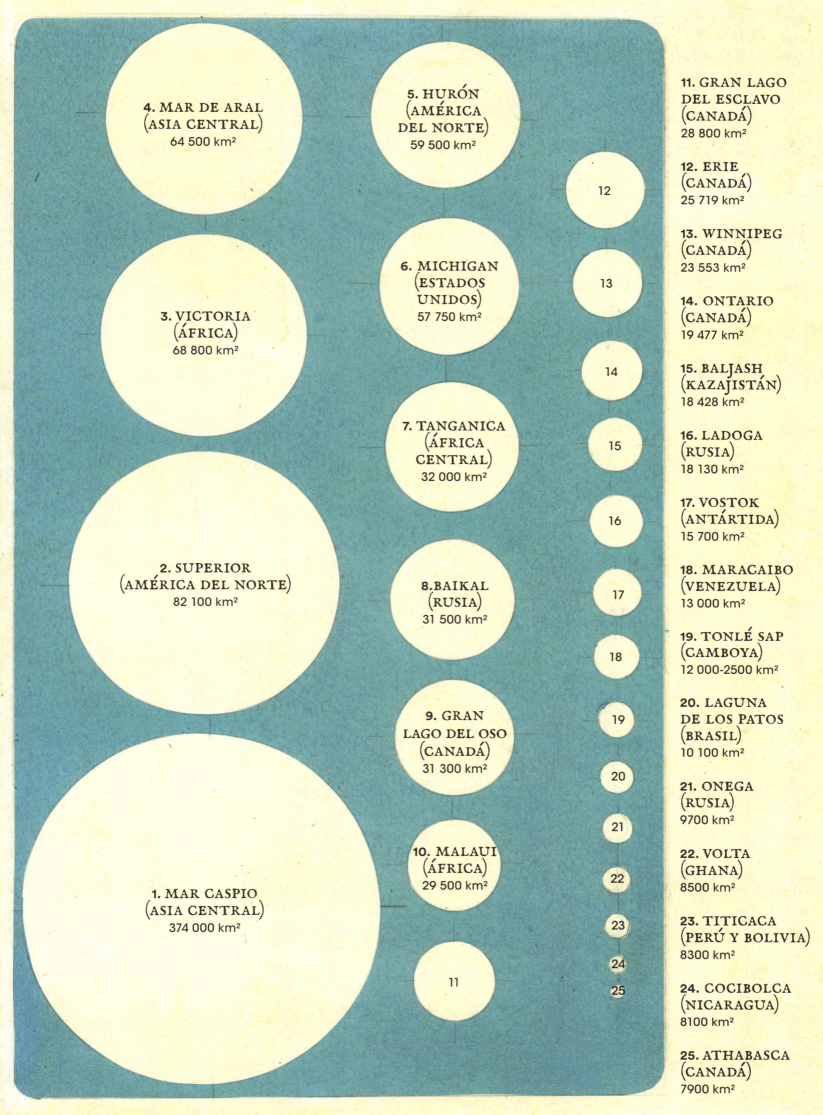

Las MAREAS

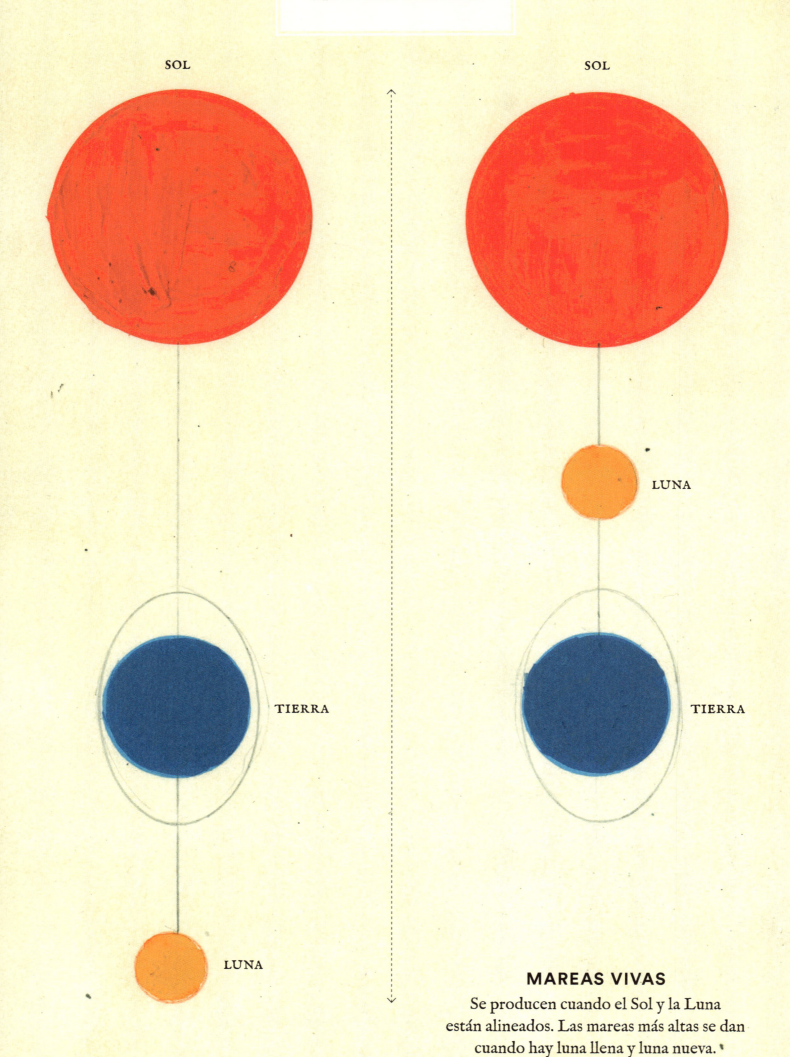

MAREAS VIVAS

Se producen cuando el Sol y la Luna están alineados. Las mareas más altas se dan cuando hay luna llena y luna nueva.

Dos veces cada día, el nivel del agua de los océanos sube unos cuantos metros y luego vuelve a bajar. Este fenómeno es la marea.

Se debe a que la fuerza de gravedad de la Luna, y también del Sol (en menor intensidad), atrae el agua de los océanos hacia ellos.

Cuando los dos astros están alineados, su fuerza de atracción se suma y se producen mareas más altas («mareas vivas»).

En cambio, cuando la Luna está en cuadratura con el Sol, sus fuerzas se contrarrestan y se dan mareas más bajas («mareas muertas»).

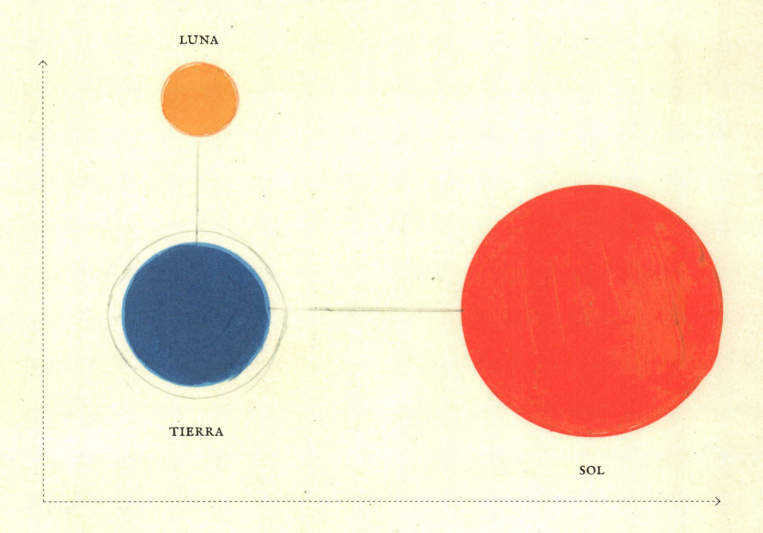

MAREAS MUERTAS
Se producen cuando la Luna está en cuadratura con el Sol. Las mareas más bajas se dan cuando la Luna está en cuarto creciente y cuarto menguante.

Capítulo V
EL CLIMA

En la Tierra hay lugares donde apenas llueve, como los desiertos, y otros donde nunca falta el agua, como las selvas tropicales; hay regiones donde hace siempre mucho calor y otras donde la temperatura está permanentemente bajo cero.

El clima de un lugar depende sobre todo de su latitud (el punto del planeta donde se encuentra) y de su altitud o elevación sobre el nivel del mar.

También influye cómo es el terreno y lo cerca o lejos que está de la costa. Esto condiciona la temperatura, la humedad, la cantidad de lluvia e incluso los vientos que se registran en la zona y que configuran su clima. Las condiciones climáticas determinan el tipo de plantas y animales que viven allí formando un sistema en perfecto equilibrio. Pero la contaminación y la acumulación de gases en la atmósfera están provocando que la superficie terrestre se caliente cada vez más, y que ese equilibrio y el clima global de nuestro planeta se vean alterados. Ya estamos empezando a notar los efectos, y los expertos alertan de que, si no se pone remedio, en el futuro las consecuencias pueden ser muy graves.

Las ZONAS CLIMÁTICAS

El ecuador es la línea imaginaria
que divide la esfera terrestre en dos
mitades, el hemisferio norte
y el hemisferio sur.

En el ecuador se sitúa la latitud 0. Es también el lugar donde
los rayos solares llegan de forma más directa durante todo
el año, y por eso hace más calor. A medida que nos
alejamos del ecuador, los rayos del Sol llegan de forma más
inclinada y la temperatura va disminuyendo. Según la latitud,
la Tierra puede dividirse en tres grandes zonas climáticas:

la cálida, con temperaturas altas
todo el año; la templada, donde hace calor
en verano y frío en invierno, y la fría,
con temperaturas siempre bajas.

Pero hay otros factores que influyen en el clima,
como la lluvia o el relieve. De ahí que, dentro de cada zona,
encontremos climas diferentes: en la zona cálida, por ejemplo,
hay lugares muy húmedos, con un clima ecuatorial, y otros
muy secos, con clima desértico, en los que casi no llueve.

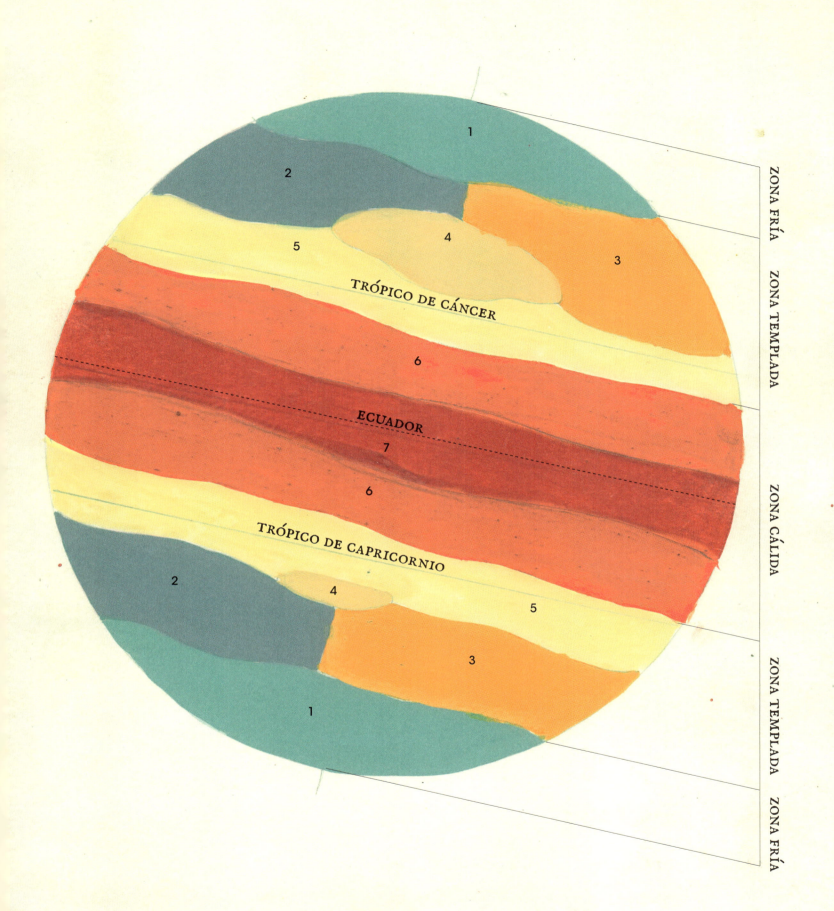

1. CLIMA POLAR
2. CLIMA OCEÁNICO
3. CLIMA CONTINENTAL
4. CLIMA MEDITERRÁNEO
5. CLIMA DESÉRTICO
6. CLIMA TEMPLADO
7. CLIMA ECUATORIAL

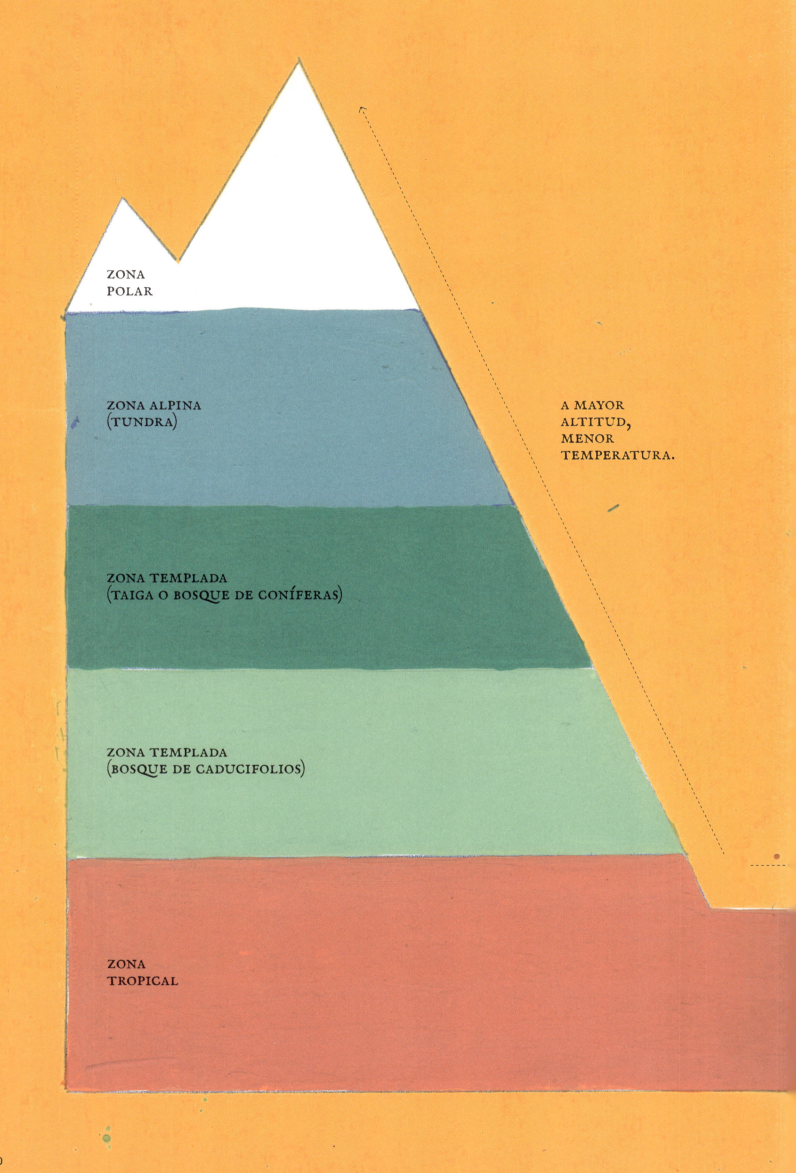

Los BIOMAS

El clima, la vegetación y la fauna de un determinado lugar forman un sistema que denominamos bioma.

Los biomas dependen de la latitud: el clima va cambiando a medida que nos alejamos del ecuador. Pero también de la altitud, pues las condiciones climáticas varían si un lugar está más o menos elevado sobre el nivel del mar. Así, cuando ascendemos por una montaña, va disminuyendo la temperatura y va cambiando la vegetación.

En las cimas de las montañas más altas encontramos biomas similares a los que hay en las zonas polares del planeta.

A MAYOR LATITUD, MENOR TEMPERATURA.

Los DESIERTOS

El desierto, uno de los principales biomas de la Tierra, es un lugar árido y seco donde llueve muy poco o prácticamente nunca.

Solo algunas especies de plantas y animales muy especiales pueden sobrevivir allí. Aunque al hablar de desierto se suele pensar en un paisaje de dunas de arena bajo un sol tórrido, como el Sahara en África, lo cierto es que también hay desiertos fríos y rocosos, como el del Gobi, en Asia.

En los desiertos, las temperaturas son muy extremas. A menudo rondan los 40 °C durante el día y descienden a varios grados bajo cero durante la noche.

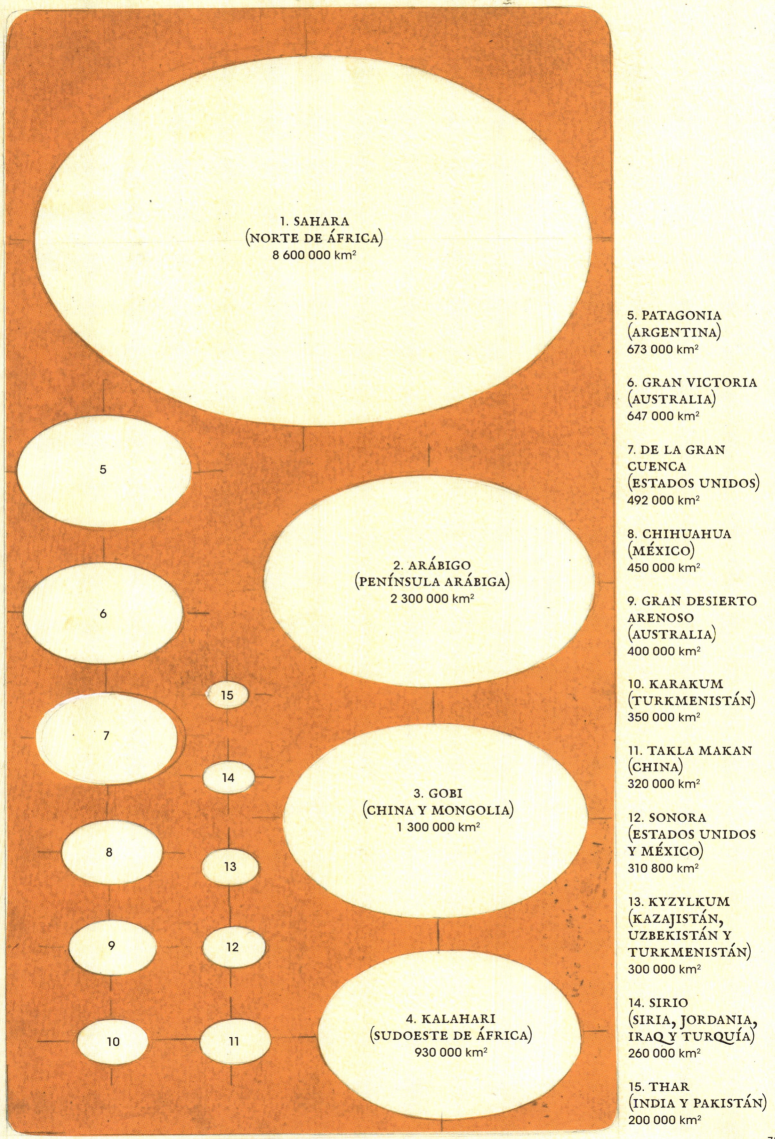

Los HURACANES

Los huracanes son vientos que
giran a una gran velocidad formando
un remolino gigantesco.

Se originan en las zonas tropicales, cuando
el aire que hay sobre los mares se calienta y asciende
hacia la atmósfera rápidamente. Esto provoca un raudo
movimiento de las masas de aire caliente y frío,
que empiezan a girar a gran velocidad.

Los huracanes suelen ir acompañados
de fuertes lluvias y pueden
provocar inundaciones y olas enormes.

Se clasifican en cinco categorías según la velocidad de los vientos.
Su capacidad de destrucción es mayor a medida que aumenta
esa velocidad. Pueden provocar desde ligeros daños en árboles
y tendidos eléctricos hasta el derrumbe de techos y
paredes que deja zonas totalmente devastadas a su paso.

CATASTRÓFICO
VIENTOS DE MÁS
DE 250 km/h

EXTREMO
DE 210 A 250 km/h

EXTENSO
DE 178 A 209 km/h

MODERADO
DE 154 A 177 km/h

MÍNIMO
DE 119 A 153 km/h

La LLUVIA

El agua que se evapora de los mares sube a la atmósfera, donde forma las nubes. Cuando la atmósfera se enfría, el agua cae sobre la superficie terrestre en forma de precipitación, ya sea como lluvia, granizo o nieve.

La lluvia riega campos y bosques, llena de agua los ríos y limpia el aire de partículas de polvo. Es imprescindible para el desarrollo de la vida.

Sin embargo, se distribuye de forma muy desigual por la superficie del planeta. Dos terceras partes de las precipitaciones caen en regiones situadas cerca del ecuador, donde llueve prácticamente cada día durante varios meses. Y también hay zonas, como los desiertos, donde la lluvia solo aparece muy de vez en cuando.

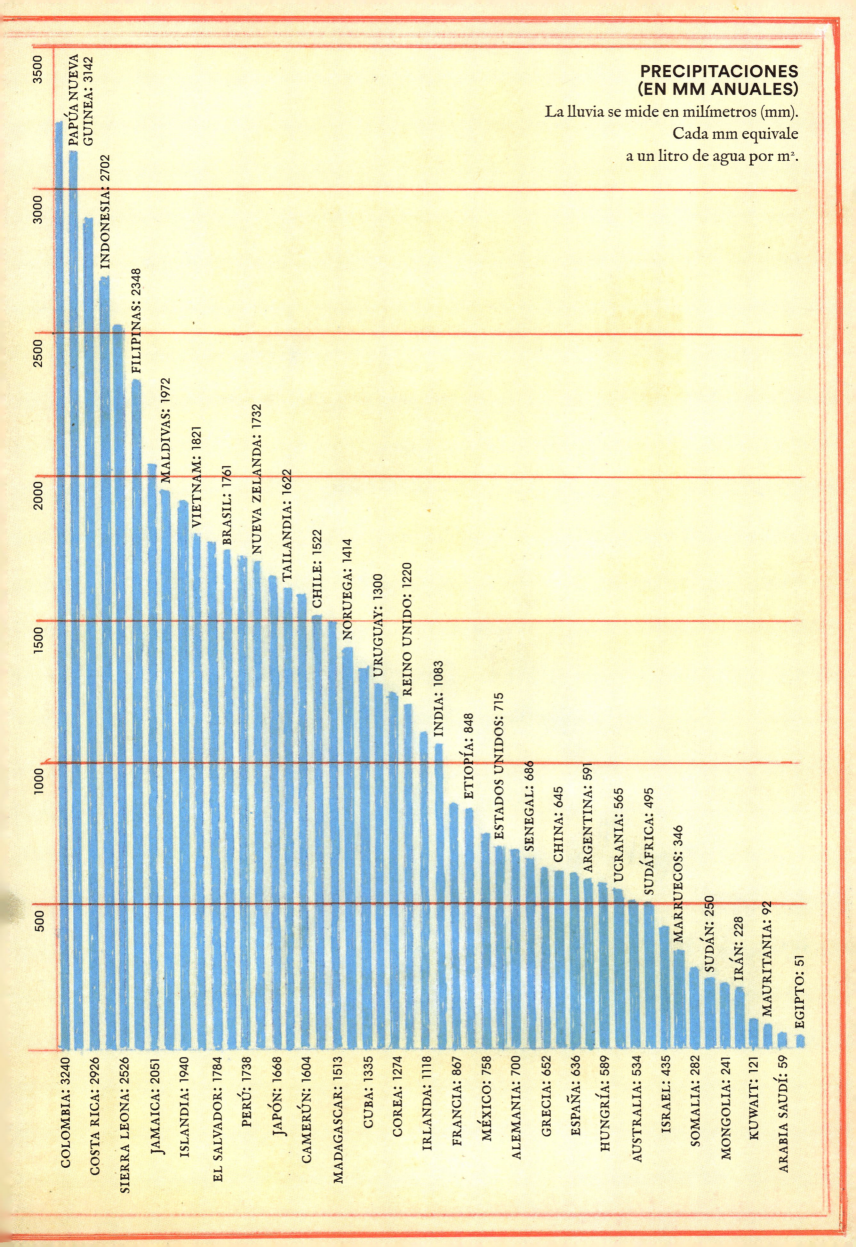

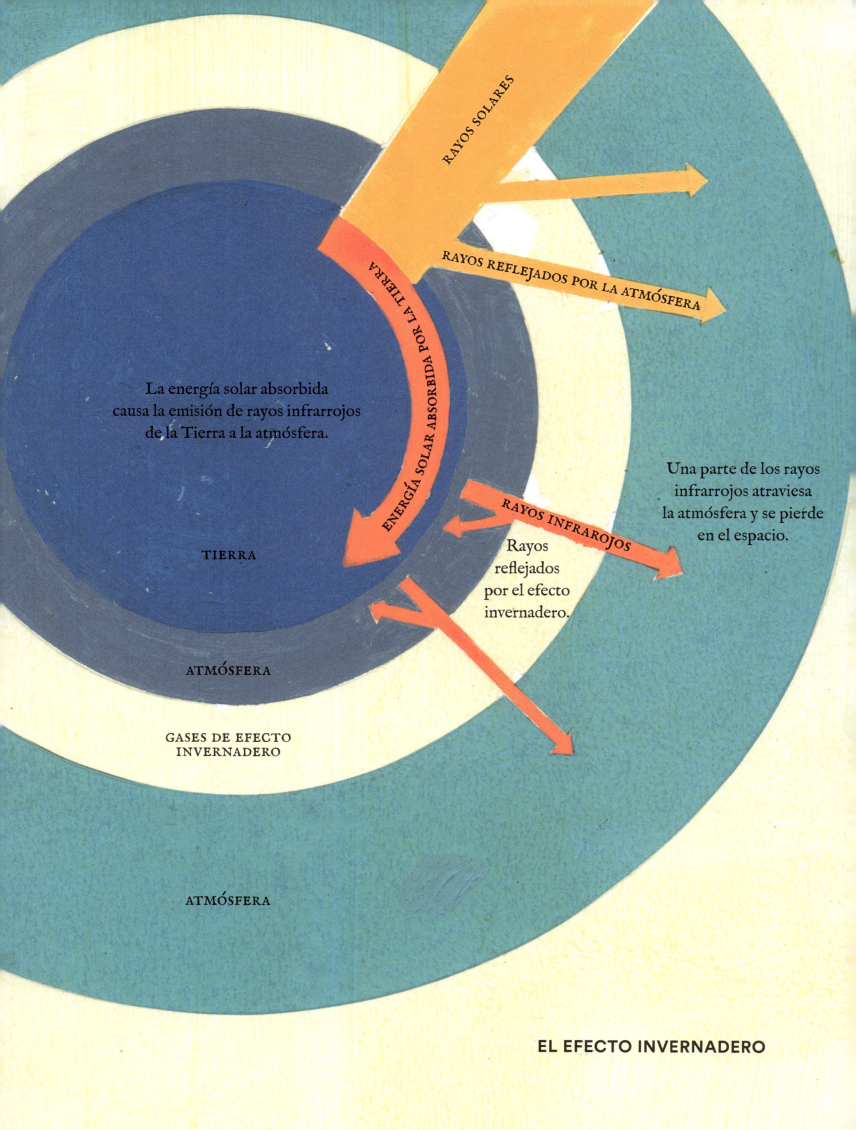

El CAMBIO CLIMÁTICO

La atmósfera que rodea la Tierra contiene cada vez más gases producidos por la actividad humana.

Esto altera el clima de nuestro planeta porque multiplica el «efecto invernadero»: el fenómeno por el que los rayos solares que llegan a la Tierra, y terminan transformados en rayos infrarrojos, no pueden volver al espacio al quedar atrapados en la barrera de gases de la atmósfera.

Esos gases actúan como los vidrios de un invernadero: dejan pasar la luz pero no el calor.

Sin el efecto invernadero, la Tierra no sería habitable (haría mucho frío), pero hace décadas que se están acumulando demasiados gases en la «barrera» y cada año sube más la temperatura media del planeta. El más abundante es el dióxido de carbono (CO_2), aunque también hay otros gases, como el metano.

El CALENTAMIENTO GLOBAL

En las últimas décadas, la temperatura de la superficie de la Tierra ha aumentado a causa de los gases de efecto invernadero emitidos hacia la atmósfera. Y lo sigue haciendo, cada vez más rápido.

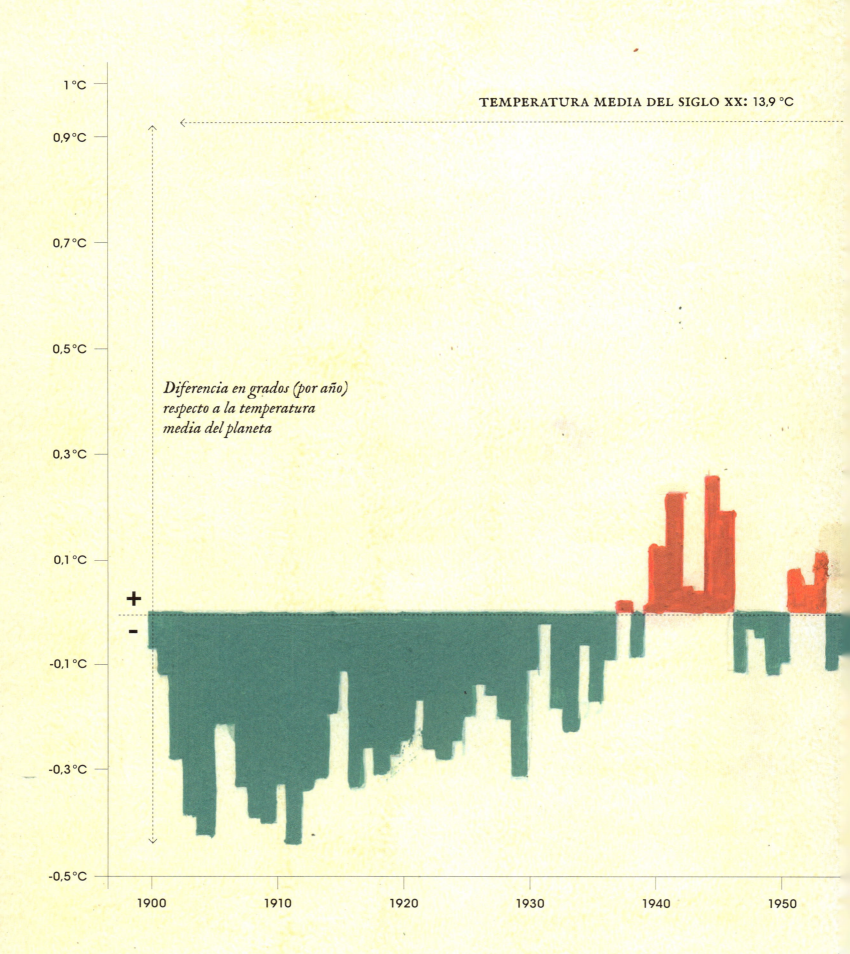

TEMPERATURA MEDIA DEL SIGLO XX: 13,9 °C

Diferencia en grados (por año) respecto a la temperatura media del planeta

Los principales efectos del calentamiento global son el deshielo de los polos y el aumento del nivel del mar.

También hay más huracanes, inundaciones, sequías o incendios forestales.

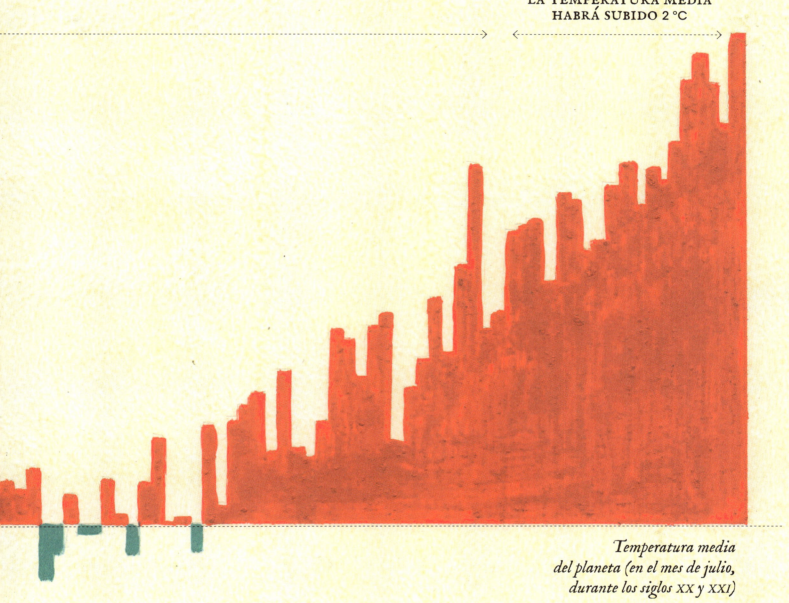

A ESTE RITMO, CUANDO TERMINE EL SIGLO XXI, LA TEMPERATURA MEDIA HABRÁ SUBIDO 2 °C

Temperatura media del planeta (en el mes de julio, durante los siglos XX y XXI)

Las **EMISIONES** *de* **GASES**

Las fábricas, los coches, la producción de energía, pero también la agricultura o la ganadería son actividades que generan gases de efecto invernadero.

China es responsable de más de una cuarta parte de todas las emisiones del mundo. Le sigue Estados Unidos pero, en realidad, no importa dónde se produzcan porque sus efectos llegan a todo el mundo.

Las organizaciones internacionales alertan de que hay que llegar a acuerdos mundiales para reducir estas emisiones si queremos evitar un mayor calentamiento del planeta.

PRINCIPALES EMISORES
de CO$_2$ en el mundo
(en millones de toneladas)

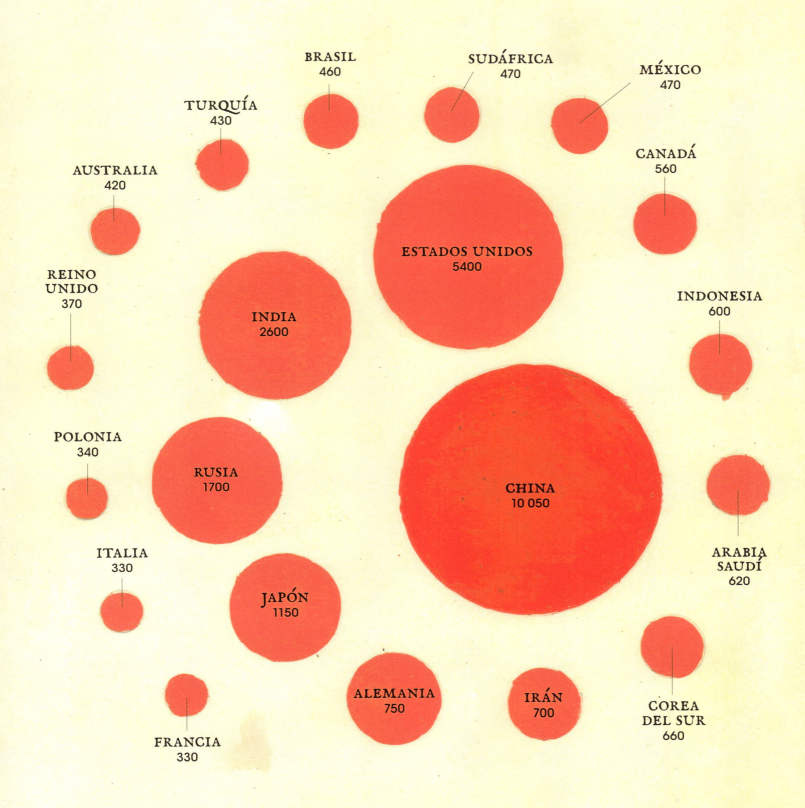

FUENTES *de* DATOS

I. EL UNIVERSO

NASA Space Place.
spaceplace.nasa.gov

International Astronomical Union.
www.iau.org

Sociedad Española De Astronomía.
www.sea-astronomia.es

European Space Agency.
www.esa.int/kids/es/Aprende

DIÁMETRO DE LOS PLANETAS
NASA Science. Solar System Exploration.
solarsystem.nasa.gov/planets/overview/

II. LA TIERRA

Our World in Data.
ourworldindata.org

World Atlas.
www.worldatlas.com

NASA. Earth Data.
earthdata.nasa.gov

LAS CAPAS ATMOSFÉRICAS
NASA:
spaceplace.nasa.gov/atmosphere/sp/
www.nasa.gov/mission_pages/sunearth/science/mos-upper-atmosphere.html

LAS CAPAS TERRESTRES
NASA Science. Solar System Exploration.
https://solarsystem.nasa.gov/planets/earth/in-depth/#structure

MEDICIÓN DE LOS TERREMOTOS
US Geological Survey. This Dynamic Earth.
pubs.usgs.gov/gip/dynamic/dynamic.html

LOS MAYORES TERREMOTOS
NOAA. National Geophysical Data Center.
www.ngdc.noaa.gov/ngdc.html

EXTENSIÓN DE LOS CONTINENTES
CIA. The World Factbook. Geography.
www.cia.gov/library/publications/resources/the-world-factbook/geos/xx.html

LOS CONTINENTES POR POBLACIÓN Y SUPERFICIE
Naciones Unidas. World Population Prospects (2019)/Total Population.
www.un.org/en/sections/issues-depth/population/index.html
population.un.org/wpp/Download/Standard/Population/

CIA. The World Factbook.
www.cia.gov/library/publications/the-world-factbook/geos/ay.html

LAS 80 ISLAS DE MAYOR TAMAÑO
United Nations Environment Programme (UNEP)
islands.unep.ch/isldir.htm

III. EL RELIEVE

CIA. The World Factbook. Geography.
www.cia.gov/library/publications/resources/the-world-factbook/geos/xx.html

Montipedia
www.montipedia.com

Global Volcanism Program, Smithsonian Institution.
volcano.si.edu

LOS PICOS / LAS PROFUNDIDADES MARINAS
Montipedia
www.montipedia.com/montanas-altas/

NOAA National Geophysical Data Center. Volumes of the World's Oceans.
www.ngdc.noaa.gov/mgg/global/etopo1_ocean_volumes.html

CIA. The World Factbook. Geography.
www.cia.gov/library/publications/resources/the-world-factbook/geos/xx.html

NASA. Earth Observatory.
www.earthobservatory.nasa.gov/features/8000MeterPeaks

LOS 14 «OCHOMILES»
CIA. The World Factbook. Geography.
www.cia.gov/library/publications/resources/the-world-factbook/geos/xx.html

VOLCANES EN ACTIVO
Volcano Discovery
www.volcanodiscovery.com/erupting_volcanoes.html

IV. EL AGUA

US Geological Survey. How Much Water is There on Earth?
www.usgs.gov/special-topic/water-science-school/science/how-much-water-there-earth

Fundación Aquae. Principales datos del agua en el mundo.
www.fundacionaquae.org/principales-datos-del-agua-en-el-mundo/

Banco Mundial. Water.
www.worldbank.org/en/topic/water/overview

LOS OCÉANOS
NOAA. National Centers for Environmental Information
www.ngdc.noaa.gov/mgg/global/etopo1_ocean_volumes.html

LAS FUENTES DE AGUA
US Geological Survey. How Much Water is There on Earth?
www.usgs.gov/special-topic/water-science-school/science/how-much-water-there-earth

Fundación Aquae. Principales datos del agua en el mundo.
www.fundacionaquae.org/principales-datos-del-agua-en-el-mundo/

EL CAUDAL DE LOS RÍOS
FAO. Morfología de los sistemas fluviales.
www.fao.org/3/T0537S/T0537S02.htm

LONGITUD DE LOS RÍOS
National Wild and Scenic Rivers System
www.rivers.gov/waterfacts.php

LOS LAGOS MÁS GRANDES DEL MUNDO
International Association for Great Lakes Research
iaglr.org/lakes/list/b/

V. EL CLIMA

Climate-Data.org. Datos climáticos mundiales.
es.climate-data.org

Nasa Earth Observatory.
earthobservatory.nasa.gov

Agencia Europea del medio Ambiente.
www.eea.europa.eu/es

United Nations Environment Programme.
unepgrid.ch/en

NOAA. Earth's Climate System.
www.esrl.noaa.gov/gmd/infodata/lesson_plans/

LOS DESIERTOS
CIA. The World Factbook.
cia.gov/library/publications/the-world-factbook/

Britannica. Selected deserts of the world.
britannica.com/science/desert/Selected-deserts-of-the-world

LOS HURACANES
MARN. Categoría de los Huracanes/NASA
www.snet.gob.sv/ver/seccion+educativa/meteorologia/huracanes/categorias

LA LLUVIA
Banco Mundial. Promedio detallado de precipitaciones en mm anuales (2014).
datos.bancomundial.org

EL CAMBIO CLIMÁTICO
CIIFEN. Investigación Científica/Cambio Climático/Efecto Invernadero.
www.ciifen.org

EL CALENTAMIENTO GLOBAL
NOAA. Global Climate Report (2019).
www.ncdc.noaa.gov/sotc/global/201907

LAS EMISIONES DE GASES
Global Carbon Atlas (2018).
www.globalcarbonatlas.org/en/CO2-emissions

La artista
REGINA GIMÉNEZ

Los atlas antiguos, con sus bellas imágenes y cartografías, cautivaron desde la infancia a la autora de *Geo-Gráficos*. De pequeña, Regina hojeaba con avidez esos grandes libros en busca de conocimientos sobre la Tierra. En los últimos años, ya como artista reconocida, ha vuelto a esas imágenes para transformarlas en magníficas láminas artísticas, rebosantes de color.

Regina se inspira en antiguos libros escolares ilustrados con representaciones astronómicas y geográficas. Combinándolas, repitiéndolas, superponiéndolas, cambiando su color y sus texturas, la autora nos traslada a este universo mágico, repleto de referencias a los libros de nuestros abuelos, que retoman su sentido al dotarlos de información y datos actualizados.

«El jugar es algo serio», afirmó el artista y escritor italiano
Bruno Munari en uno de sus libros sobre la relación entre el arte y los
niños. También yo creo en la importancia del juego. Munari desarrolló
un método basado en jugar con el arte. Los chicos aprendían de forma activa.
El juego es la puerta de entrada de los niños a la creatividad, tanto
manual como intelectual. Mi propio trabajo también bebe de esas
ideas sobre el juego, la experimentación y el descubrimiento:
colores y formas que interactúan entre ellas.

REGINA GIMÉNEZ